上海社会科学院院庆60周年口述系列丛书

葛涛 编著

思想之自由乃我毕生不渝之追求
—— 夏禹龙先生口述历史

复旦大学出版社

作者简介

葛涛，1970年3月生，上海市人。日本关东学院大学经济学学士，上海社会科学院历史学硕士，复旦大学历史学博士，研究员。主要研究邻域上海史、中国近现代史。主要著作包括：《唱片与近代上海社会生活》（上海辞书出版社，2009年）、《具像的历史：照相与清末民初上海社会生活》（上海辞书出版社，2011年）、《环球百货光影录：上海先施公司盛衰》（上海辞书出版社，2011年）、《如日初生，以新制胜：上海大新公司的流金岁月》（广东经济出版社，2014年）等。

内容提要

夏禹龙同志曾任上海社会科学院副院长,毕生从事理论研究,在马克思主义基本原理、邓小平理论研究方面,均有突出性贡献,曾于上海社会科学院建立了全国最早的邓小平理论中心之一。此外,他还与汪道涵等领导同志熟识,参与了浦东开发开放、上海世博会举办等重大活动的咨询决策工作。夏禹龙同志解放前即于南洋模范中学加入中共地下党,建国后长期从事社会科学研究及著述,饱经沧桑,经历极富传奇色彩,是目前上海宣传系统屈指可数的前辈。本书为夏禹龙同志对其一生的口述回忆记录,糅合了他的人生经历与治学道路,包含着他对历史的总结与反思。

出席上海社会科学院举办的会议

2005年摄于都江堰

2005年摄于九寨沟

2009年摄于三亚

2017年夏禹龙郭贞夫妇摄于家中

1990年摄于宁波

2010年出席五缘文化研讨会

1989年摄于杭州

2008年出席夏禹龙学术思想研讨会

前言

我的口述历史,经过半年的反复琢磨,终于完工了。历史是记录已经过去的事实的,首贵真实,个人口述历史也不例外。我立意向这方面努力,但我没有写日记的习惯,加之年迈记忆衰退,力不从心,又受认识水平的局限,究竟努力的结果如何,只有待诸多不吝花费时间阅览本书的读者们评说了。

我个人对这本书是有所偏爱的。首先是因为通过对本书内容的口述,使自己有机会对一生的经历作一次较为认真的反思。我生长在工业化、信息化、全球化的时代,又身处近现代跌宕多变的中国。面对这样的世情和国情,一个人无论有多么高的聪明才智,都不能自诩为一贯正确、不犯过错的先知,何况像我这样的凡夫俗子。所以,只有通过不断的反思,提高自知之明,才能不忘初心,有所前进。口述史、回忆录最易出现的问题,就是有意无意地美化自己。我对此有所警惕,尽量地把当时当地自己真实的原始思想表述出来,但毕竟记忆是会有选择的,实际能做到怎样的程度还很难说。另一个需要注意的问题,是要与人为善。历史总是通过人际交往呈现出来的,有对自己有帮助的,也有与自己有某种过节的，都应恰如其分地表述出来。要特别警惕为了褒己而贬人，这是违反与人为善的准则的，我在自述中尽量注意避免。

　　历史是丰富多彩、多层次、多侧面的。现有的通史、断代史，且不说修史者受利益和意识形态的影响，会对事实有所歪曲，就是比较公正的，也是偏于宏大叙事，对于社会各阶层和群体的鲜活的生存状态和所思所想反映较少，显得过于抽象，这是一般正史难以避免的缺陷。诸多野史和回忆录、口述史，可以弥补正史之不足，希望我的这本小小的口述史，也许可以列入其中万一。

　　最后，我要感谢上海社科院历史研究所和葛涛先生。没有研究所的创意和安排，没有葛涛先生不辞辛劳，反复记录、整理、查证和修正，这本口述史是难以问世的。

　　我年事已高，精力不济，但是理解力尚可。在运用电脑、网络等新事物方面，大大落后，和第三代共同语言很少。但是自己比较丰富的人生经验，对后人也是一种财富。现在的年轻人对"文化大革命"知之甚少，我们否定了它，但是还要反思它。这方面要有一个代际沟通，使历史延续下去。

　　我自己觉得对社会贡献不大，但是政府和社会对离休干部照顾很多。好在人们对离休干部享受的特殊待遇，不像对现任官员那样，还比较谅解。我自己觉得对社会应有所回报，尽可能把自己的知识、经验、见解贡献出来。出版这本口述史，也是一例，以表一位耄耋老人对中国发展前途深切关怀之意。

目 录

前言 …………………………………………………………… 1

一、投身火热的学生运动
（1945年1月—1949年5月） …………………………… 1

家庭情况和我的童年 / 1
入党和迎接抗战胜利前后 / 3
我的老师赵宪初 / 6
转校、转系——我的动荡的求学生活 / 12
我的第一位领导——吴学谦同志 / 15

二、在新社会中蹒跚曲折前行
（1949年5月—1966年5月） …………………………… 18

解放初的青年动员革命工作 / 18
"大鸣大放"的旁观者——逃过一劫 / 19
"大跃进"的"促退派"——"再"劫难逃 / 23
按劳分配的客观必然性 / 25
在规律问题上与王若水的商榷 / 31
加强"内控"和参加"四清"——"文革"被揪斗的前奏 / 38

三、经历"文革"折腾,从迷茫中逐渐醒悟
(1966年5月—1976年10月) ………………………………… **41**

"三反"分子的加冕 / 41
在"五七"干校的改造 / 42
重当编辑的经历 / 45

四、从"评法批儒"转到揭批"四人帮"
(1976年4月—1979年8月) ………………………………… **47**

对古今桥梁的实地考察 / 47
对"四人帮"的集中揭批 / 49

五、形成"四人研写组",为改革开放鼓与呼
(1979年8月—1990年7月) ………………………………… **51**

"四人研写组"形成的过程及其缘由 / 51
领导科学的创立 / 54
四人合作的方法和分工 / 61

六、参与咨询工作,为地区战略和上海发展献策
(1982年3月—2010年10月) ………………………………… **63**

梯度理论和区域经济发展 / 63
世界博览会和浦东新区开发开放 / 68

七、研究邓小平理论,参与中国特色社会主义理论体系的探索
(1992年9月—) ………………………………………………… **77**

邓小平理论研究 / 77
中国特色社会主义理论体系的探索 / 82

八、难忘长期兼职主编的两本杂志 ……………………………… 88

《世界科学》(1928—2005 年) / 88

《上海理论》内刊(1988—1997 年) / 89

九、剖析个人治学特点 ……………………………………………… 93

十、铭记对个人成长有重大帮助的 5 位长者 ………………… 97

周克 / 98

洪泽 / 99

汪道涵 / 101

郭绍虞 / 102

郑成美 / 106

十一、不忘家庭作为后盾的支撑作用 ………………………… 108

十二、将思想之自由贯彻到人的生死观中 …………………… 111

附录 …………………………………………………………………… 113

附录一 纪念我的高祖夏同善 / 113

附录二 大事年表 / 121

附录三 著作目录 / 129

后记 …………………………………………………………………… 130

一、投身火热的学生运动

(1945年1月—1949年5月)

家庭情况和我的童年

在讲述我的历史之前,先来交代一些家庭情况。我的父亲夏邦辅,是大通煤矿的襄理(襄理之上有经理和副经理,是煤矿的第三把手)。大通煤矿在安徽,系淮南煤矿的前身,是一家私营企业,抗战爆发后被日军占领。此前,父亲曾任北洋政府驻美国公使馆的秘书。父亲也持有大通煤矿的部分股份,划起阶级成分来,应属民族资本的资方代理人。母亲朱静之,一直从事家务。长兄夏禹思,要长我6岁,约在1942年、太平洋战争爆发后加入中国共产党,曾任《中国青年》杂志社副主编。姊夏孟英(林北铭),长我5岁,与夏禹思差不多同时入党,曾任世界工人联合会亚澳联络局印度组副组长、中华全国总工会国际工人运动研究所副所长。次兄夏禹闻,长我3岁,1945年抗日战争胜利前夕入党,在外交部工作,曾任中国驻挪威大使馆秘书。兄弟姊妹中,我是最小的。父亲对我没有什么太大的影响。他为人老实、本分、没有多大能力,由于煤矿被占领,对日本人充满怨恨。我的家境比较富裕,虽然抗战爆发后生活状况有所下降,但家中仍雇有厨师和保姆。

我出生于1928年3月,小时候家里请家庭教师启蒙。先生除了讲授

⊙ 我的全家合影　前排：左一朱静之（母），左二夏邦辅（父）；后排：左一夏禹龙（我），左二夏禹思（大哥），右一夏孟英（姊姊），右二夏禹闻（二哥）。

《三字经》《论语》《孟子》，要求背诵之外，还要我写作文、练毛笔字、学对对子等。我10岁时进了学堂——正志小学。由于在入学前我已补习过数学等课程，因此直接进入四年级下学期，读了两年半小学。因为我在家念过"私塾"，古文功底比别人强，因此用文言文写起作文来，在学校里属于"第一流"水平。其他功课也好。小学毕业前，一共5个学期我考试都是第一名，几乎没有竞争对手。小学毕业后，我考取了私立南洋模范中学。当时上海有两所中学非常有名，一所就是南洋模范中学，另一所是位于市郊的江苏省立上海中学。抗战爆发后，上海中学迁入租界，改名"沪新中学"。南洋模范中学是一座私立学校，没有什么政治背景，教职员中既没有国民党员，也没有共产党员。学校希望一门心思办学，不受各方面政治因素干扰。校方一方面与汪伪保持距离，另一方面也不希望国民党和共产党的势力进入，三青团与地下党也都不受欢迎。由于进入南洋模范中学的学生都是各小学的尖子，我的优势大为减弱，再也不可能像小学时期那么突出了。我也就"甘居中游"，成绩一直保持在中等偏上的水平。

一、投身火热的学生运动

入党和迎接抗战胜利前后

我于1945年1月加入中国共产党。这一方面是受到家庭的影响,我的大哥夏禹思、姊姊夏孟英早已是党员。1944年他们加紧对我和二哥的教育。记得有几次在晚上父母都睡觉以后,4个人聚集在姊姊的卧室,席地而坐,盖着棉被,一起讨论时事政治和人生理想等问题,一直到半夜。这也是对我的启蒙教育。另一方面,我看了一些进步书籍,也受到很大影响。我记得当时读过斯诺的《西行漫记》,觉得共产党在这样艰苦、危险的环境下坚持斗争,真是了不起。我相信共产党是真正抗日的,而国民党的抗日是消极的、敷衍的,因此从抗日这一点上,我就倾向于共产党。除了爱国民族情绪外,我选择加入共产党的另一个原因是出于对弱者的同情。追求社会公平、人道主义,也是我当时思想中的重要部分。记得当时读了夏衍的报告文学《包身工》后,思想上的震动很大,觉得纱厂里那些年幼的包身工实在太苦了,我强烈地感到应该实现社会公平。而实现民主自由、个性解放,也是我追求的目标。在这方面我受鲁迅的影响最大,当时我几乎读遍他的杂文。我接受了鲁迅"五四"以来激进的反传统思想,也变得反传统,认为中国的封建传统不行,必须去掉。现在看来,这既有进步的一面,也隐含着"左"的一面。例如,鲁迅在一篇杂文中曾经讲到:中文太难,真正识得中国字的人是极少数;将来要取消方块字,代之以拉丁字母。我对此是赞成的,为此还与同学进行过辩论。

我入党后,在1945年2月南洋模范中学建立了党支部,我是支部书记。当时全校有3位党员,其余两位是女同志。支部建立后,开始着手开展学生运动,同时发展党员,取得了不错的成绩。截至抗战胜利,支部共发展了15名党员。当时男、女支部分开,从高三、高二、高一,直到初三,都有了党员。之所以如此,首先与当时的大形势有着密切关系。从1944年秋起,国际形势改观,英美盟军在诺曼底登陆,开辟了第二战场;在太平洋战场,美军逐岛攻击日军,反法西斯局势呈现一片光明。当时苏联和日本的关系还没有破

◎ 我的兄弟姊妹　从左自右：大哥夏禹思，姊姊夏孟英，二哥夏禹闻和我。

裂,在上海还能看到苏联电影,读到苏联文学书籍。同学们久受日本压制,都想借机搞些活动,出出闷气。其次,与南洋模范中学学生的具体情况有关。南洋模范中学是私立学校,入学门槛高,学生大都家境优越,大部分学生读书用功,态度认真。我认为读书认真的人正派,有爱国心、事业心,有人生追求目标,不会稀里糊涂、虚度光阴。在这样的群众中开展工作,还是比较顺手的。第三个方面的原因,是校内同学间已经有了共产党来自多方面的影响。包括我在内,学校最初的3个党员都是在校外入党的。我从初一读到高二,5年里认识了校内很多人,人际关系不错。我做支部书记时才17岁,其实还比较幼稚,能够开展工作,除了联系支部的党的上级领导人的直接帮助外,就是凭借以上所讲的一些因素。

学生运动的实际开展,是从1944年秋开始的。当时我读高二,同学们自发成立了南模团契,隶属于上海基督教青年会,其实基督教青年会的干事中也有地下党的力量。团契的活动,主要是发起组织联欢会、郊游、读书会等,比较生活化,很受在日伪长期统治下感到苦闷的同学们的欢迎。1944年底,上海基督教青年会发起"义卖助学"活动,号召同学们向亲友广泛募集

◎ 南模团契成员集体游览　第二排左二以手托头者是我。

多余的物品,集中起来在青年会进行义卖,所得钱款用于助学。南模团契积极参加了这个活动。南洋模范中学在"义卖助学"活动中的成绩,在参加的中学里位居第一。由于我们刚开始搞学生运动时,是以基督教做掩护的,其实团契的活动和基督教根本一点关系也没有。随着活动的开展,男女生的界限被打破。"义卖助学"活动结束后,一些积极分子被吸收进入了南模团契。团契不仅跨班级,还打破了男女生的界限,这在南洋模范中学历史上是破天荒的事情。原来学校的男生部、女生部之间用篱笆隔开,界限严格,"老死不相往来"。女生部在学校的后部,每天女同学经过时,男生只能从教室窗口遥望。现在界限终于被打破了。群众也被发动起来了,从初二到高二,都有人参加,我们在其中发现积极分子,发展了自己的同志。

  1945年8月15日,日本无条件投降。党中央决定在上海发动武装起义,配合新四军占领上海,拟定由刘长胜担任市长。南洋模范中学位于市区西南,如果新四军从徐家汇进入,肯定会经过南洋模范中学、交通大学,而当时交通大学已经闭校。学校党组织决定配合新四军解放上海的行动,于8月22日召开全校庆祝抗战胜利大会。当时学校还在放暑假,党员们挨家挨户向学生们动员。当天来了七八十位学生,党组织的企图已被学校当局察觉,总务主任挡在校门口,阻止学生入内,于是党员带头冲进校园。大会开完了,我们和校方的矛盾也激化起来。其实党中央于8月21日已通电取消了起义计划,但是我们不知道情况有变,还是照常举行了大会。学校"秋后算账",开除了包括我在内的4个学生。就这样,我在南洋模范中学担任了半年的党支部书记。时间虽然短,但局面已被打开,为以后历届校地下党支部开展工作创造了条件。截至上海解放,南洋模范中学党支部累计共发展135名党员(包括两名工友,没有教师),人数之多,是上海各中学的头块牌子。这是和上海地下党组织重视南洋模范中学的工作分不开的。

我的老师赵宪初

  地下党在领导学生运动时,与所在学校校方密切相关。各所学校的历史背景和政治态度是不同的,有的与统治当局关系密切,有的比较中立,少数倾向于进步,它们是开展学生运动所直接面对的外部条件和环境。怎样处理好与校方既有斗争又需争取的关系,是开展学生运动一个绕不过去、颇为重要的问题。南洋模范中学(以下简称"南模")地下党处理与校方,特别是与其实权人物教务主任赵宪初的关系,是一个颇为成功的范例。

赵宪初老师在交通大学毕业后就来南模执教,历时70年,主教数学——小代数和三角,在课堂上教过的学生约有万人。他一生身体力行素质教育,不但培养学生扎实掌握基础知识,而且着重培养学生提高科学思维能力。赵老师爱国正直,生活朴素,清廉自守。他对待地下党所领导的进步学生运动,也从初期为了校方利益而进行一定的扼制,到后期越来越采取同情和庇护的态度。分析起来,这大致有下列3个原因:一是赵老师本人专心致志于办学,希望远离政治,不受政治因素干扰,但实际情况难以做到,有时不得不参与进来;二是地下党员大多功课好,成绩优秀,天然得到他的好感,而那些三青团员,大多功课差,品行也有问题,这就使他在情感上倾向于同情前者;三是全国总的形势是国民党越来越不得人心而有利于革命。正是由于上述原因,再加上党支部采取积极争取的态度,使他的政治态度逐渐有所转变。

在上海解放以后,赵老师从不愿过问政治到积极参加民主党派,成为上海市政协副主席、民主促进会上海市主任委员。他和地下党员的关系也越来越亲密。早在1981年,他便以个人名义向他认为可能是地下党员的前学生发信,收集地下党在南模的史料。1983年,他经过综合整理,列出"南模1944—1949年学生运动大事记"的参考提纲,并组织在沪部分地下党同志座谈,收集并弄清史实。赵老师的通知和亲笔信,得到热烈响应,来自全国的60名原地下党员和另外12名同学给他复信,并提供了152件资料。在此基础上,他写成了"南洋模范中学学生运动大事记"。

中学的地下党员流动性很大,南模地下党先后共有7届党支部,谁也说不清先后究竟有多少党员。赵老师在征集学运史资料的同时,花费了大量精力收集、弄清地下党组织情况和共135名地下党员名单。

在这一过程中,赵老师与许多地下党员有过接触,并建立了亲密的关系。他对地下党和它所领导的学生运动有了重新认识,也是对他自己过去的重新认识。这充分反映出赵老师追求真理的精神和勇气。在1997年9月举行的"赵宪初从教70周年庆祝会"上,我作了题为"一代名师,育人模范"的发言,全文如下:

> 我是南洋模范中学46届的学生。今天,我代表南模众多的校友对我们敬重的赵宪初老师从教70周年表示最衷心的祝贺。
>
> 赵宪初老师在南洋模范中学这块教育园地上默默地、勤勤恳恳地耕耘了70年,为中国培育了一代又一代的优秀人才,数以万计,真可谓是桃李满天下,不愧为"一代名师,育人模范"。我们不是正在基础教育战线上努力实现从应试教育到素质教育的转变吗?赵宪初老师的一生,正是在身体力行地实施素质教育,而且卓有成效。
>
> 赵老师总结南模的传统,第一条就是学业要扎实。赵老师的讲课,十分重视基础知识的传授。他用颇为幽默的语调,把一些基础概念和公式讲解得非常清楚、透彻,使学生能牢固地掌握。他不主张死记硬背,对一些必须记住的公式,如代数一元二次方程的求根公式,赵老师带领着全班学生用抑扬顿挫的声调,一遍又一遍地朗读,使学生永记不忘。我记得这个公式是在初二年级时学的,至今整整56年了,但还是记忆犹新。可以说凡是上过赵老师小代数课的南模学生,很少有人不记得这一公式的。
>
> 更为重要的是,赵老师不仅使学生扎实地掌握基础知识,而且通过基础知识的传授,培养学生勤于思考的习惯和善于思考的头脑。这种科学思维的能力要比数学基础知识本身更为重要,使学生终身受益。南模学生的一个重要特点,是头脑比较灵活,学习方法比较科学,逻辑推理能力强。以我个人的经验,我虽念过几年大学,但由于从事党的地下工作和参加学生运动,3年里换了3个大学,在大学里很少学到什么东西。我今天所拥有的一些学识,主要是靠在南模中学里打的基础并通过自学得来的。难怪许多事业有成就的南模校友,都异口

同声地称颂母校南模是自己的根。

在南模校友中,名列中国科学院和中国工程院的有23人,其中有4人是双院士,所以共获得院士称号27个。其中年龄最大的有27届的张光斗,年龄较小的有54届的王选和59届的王震西。院士之多,恐怕是全国中学中绝无仅有的。其实,南模校友不仅在自然科学、工程技术方面有杰出的贡献,而且在其他各条战线,如新闻出版、教育卫生、社会科学、人文学科等方面都做出突出的成绩。赵老师当年栽培的果树,如今终于结出累累硕果,这是值得赵老师欣慰的。

赵老师不仅重视培养学生的思维能力和动手能力,而且重视培养学生处理事情、处理人际关系的能力。赵老师历来主张"多学少考",在课堂上尽可能把学生应该掌握的知识讲清楚,使学生弄懂弄通,而课外的作业并不很多,学生有许多供自己支配的课余时间。南模历来有民主、自治的风气,全校有学生自治会,各班有班会,还建立各种社团。课外活动丰富多彩,如举行读书会、时事讨论会、座谈会,办壁报和油印刊物,开展歌咏、讲演、参观、旅游活动和棋类、球类比赛,以及开设工人夜校等,吸引了众多学生参与,从中培养办事和处理人际关系的能力。

赵老师总结南模的传统第二条就是生活要朴实。赵老师一生俭朴无华、安贫乐教,是为全校师生的楷模。在学校的领导下,形成了良好的崇尚朴实的校风。在新中国成立前,南模是私立学校,学费较贵,学生的家境一般比较富裕,大官、大资本家的子弟不乏其人。但是,学生的穿着都较为朴素,女生一律短发、蓝布旗袍,很少有人摆阔。有的贵族学校在上学、放学时门口停满汽车,南模校门前决无此现象。即使有学生乘汽车前来,也会车停得远远的,然后步行进校。在学生中,依靠家庭地位神气是没门的。只有品学兼优又团结友爱的人,在全校和班级中才有威信。

赵老师是爱国的、正直的,一贯清廉自守。既不屈服于日寇的压力,也不让国民党插手。限于历史条件,在新中国成立前赵老师既对国民党的腐败不满,也对共产党缺乏了解。有时迫于环境的压力,也对进步的学生运动作些限制,甚至开除个别进步学生,以求学校自保。但总的来看，南模校方还是为南模地下党的活动和进步学生运动的开展创造了颇为有利的环境和条件。

南模地下党支部建立于1945年2月，到1949年5月上海解放，先后共有党员135名，成为上海中学界进步学生运动的堡垒。南模地下党和进步学生运动在4年多的时间内如此迅速和蓬勃的发展，与南模这块教育园地的小气候有关。当时地下党员多半是品学兼优的好学生，如46届的钱树柏、47届的杨昌琪和王政人、49届的唐孝威等，都是班级里数一数二的学习尖子。据我的经验，学习成绩优良的学生，对个人的前途和国家的命运都比较关心，能认真地进行思考，只要把他们的"读书救国"提升为"革命救国"，就能把他们吸引到进步学生运动以及党内来。而读书不用功的学生，对待有关国家前途和命运的大事也往往缺乏认真的态度。

南模学生好学和多思的风气，为地下党的发展和进步、学生运动的开展提供了有利的条件。同时，南模相对宽松和民主的氛围，活跃的课外活动，也为地下党的活动开辟了广阔的天地。我作为南模地下党第一任支部书记，从工作中感觉到，校方最了解地下党活动的就是赵老师，他心里有一本账。所以，在南模撰写地下党和学生运动史时，他以惊人的记忆力，按照他认为可能是地下党员的名单发信，要求他们提供资料和扩大线索，其准确度达到八九不离十的地步。赵老师始终与国民党保持距离，南模地下党一直没有遭到破坏，这也可见赵老师的为人。

回忆47届毕业时，赵老师曾为毕业班留念题了一首诗：

家贫无奈作先生，作势装腔论古今。

岁岁旧规送毕业，班班小子变豪英。

喜闻今日皆爱国，但愿他年不害人。

临别千言并一句：有为奋发向前程。

47届是地下党力量很强、进步学生运动蓬勃开展的一个年级。"皆爱国"是赵老师对这届学生的肯定，"不害人"是对他们将来的期望，也是赵老师一贯的做人信条。

一、投身火热的学生运动

王政人同志是47届的高材生,也是地下党的支委。他长期从事出版工作,1988年出任北京出版社社长,1993年在美国患癌症病逝。在临终前不久,他忍着病痛,花了极大的精力,工工整整地给赵老师写了一封信:

宪初吾师大鉴:

五十年前,忝列门墙。毕业时,蒙谆谆教诲:"喜闻今日皆爱国,但愿他年不害人。"今,身染重病。回顾一生碌碌,但未背离师训。故不揣浅陋,步吾师原咏,得打油诗一首:

少年无识心纯正,家邦多难哀众生;

当时曾许身报国,今朝堪慰未害人。

谨此奉达台端,以志不忘师恩。

恭祝福体康泰!

学生王政人拜上
1993年6月

◎ 赵宪初与南洋模范中学第一届地下党支部支委成员合影　从右起:我,赵宪初,徐月香(徐明),王治平(秦安之)。

赵老师今年高龄已九十有一,作为南模校友、赵老师的学生,我衷心希望他健康长寿。同时,我也希望母校能很好继承和发扬赵老师教学的宝贵经验和做人的高尚风范,使南模越办越好,真正能做到后浪推前浪,青出于蓝而胜于蓝。

转校、转系——我的动荡的求学生活

被南模开除后,我来到私立复旦中学,就读高三。在这一年里,我担任该校地下党支部书记,一进校就组织了"拒交学费"运动。当时物价上涨得非常厉害,复旦中学学费明显高于一般中学,学生自发要求校方降低学费标准。抗战胜利后,国民党的威望原本很高,但他们派到原沦陷区的接收大员只顾搜刮,一味贪污腐败,很快就怨声载道、民不聊生。其实"拒交学费"的后果是两败俱伤,当时物价飞涨,学生晚交学费,学校损失巨大;而学生坚持一个阶段后,最终还是交了学费,学生家长其实早已把要交的学费准备好,也没有得到迟交的好处。我在进校的第二个学期,设法成立了学生自治会。当时复旦中学校长是曾任复旦大学校长的李登辉,就住在学校对面。他已年过七旬,还是具有民主思想的。经过他同意,学校经选举成立了学生自治会,我担任了副主席。学生自治会也组织了一些进步活动,但我不久就毕业了,在群众中没有打下工作持续发展的基础,这一点和在南模是不同的。

从复旦中学毕业后,我于1946年8月考入大同大学电机系。大同大学这所学校有点特别,位于新闸路即以后的五四中学处,只有一幢五层大楼,学生却有1 700余人。此外,五楼还有大同附中。因此,用地极为紧张,教室是各系各班级轮着使用,一天八节课,几乎达到百分之百的利用率。教师连固定的休息室也没有,只有几张写字台供教师上课前后休息时使用。校长胡敦复从来不到学校,我从未见过他,校务主要由训导长郁少华管理。对于这样一所学校,学生们自然是不大满意的。但是,学校也有它的长处。在这样简陋的条件下办学,它的设施利用率和工作效率是值得借鉴的。更何况

一、投身火热的学生运动

也许是校长胡敦复曾长期在交通大学执教的缘故,请来不少交大的名教授在大同兼课,大同的电机系和化工系还是办得很不错的。

学校没有学生食堂,部分家境清寒的学生中午就餐有困难。为此,学生自治会依靠美国救济总署配给的剩余物资——面包和奶粉,办起了经济食堂,用膳的有200多名学生。由于学生就餐时播放有进步意义的唱片,被校方禁止,激起公愤。以此为导火索,学生自治会在1947年5月15日召开全体代表大会,针对校政的腐败和对学生的无理迫害,提出了"革新校政"的多项要求,并通过了罢课的决定。次日下午,在操场举行了全体同学大会。会后,学生们游行到胡敦复的住宅,他家坐落在徐家汇附近一条新式里弄。学生们到达时,胡敦复已经离开,于是就在他的住所周围刷上一些标语,还有学生从亭子间爬进他的住宅,双方关系就此弄僵。学生们坚持罢课,校方也不妥协,双方僵持着。一直到5月26日10时许,当时学生自治会理事和一些班级干部正在校内研究工作,突然开来两辆卡车,从卡车上下来一批特务、打手,对学生自治会主席陈光德等人进行殴打。学校附近的警察局江宁分局立即派人来,以发生"互殴事件"为借口,将打人者放过,反而逮捕了被打的陈光德等11位学生。当日下午,党组织发动了400余名学生到江宁分局要求释放被捕学生,但分局已将被捕学生转移到卢家湾拘留所。27日,又有500多名学生去卢家湾警察局请愿,通过谈判,只争取到释放1名学生。与此同时,"反饥饿、反内战、反迫害"的"五·二〇"全国性学生运动爆发,大同大学的学生运动就自动地融入其中。

我参与了上述事件的全过程,并为运动的开展在基层做了较为有效的群众工作。在入学几个月后,我就在所在的"工-C"班发起成立群众性进步团契"潮社",参加的有10多人,成为开展班级工作的核心。在罢课酝酿和推进过程中,我又把群众工作的面,扩大到理工一年级的6个班级。学生自治会部分理事被捕以后,我又被推选为候补理事,参加学生自治会的领导工作,并于7月1日发起成立理工一年级同学会(包括6个班级),我当选为常务干事。

暑假开始后,校方以各种借口变相开除83名学生,我也名列其中。为了应对这一困难局面,保存发展进步力量,学校党组织决定成立秘密的外围组织——"民主青年联合会",我成为这一组织的领导成员。

回顾这段历史,如何对待校长胡敦复,是一个值得探讨的问题。胡敦复是数理学界"胡氏三杰"的长兄,他是中国数学会的发起人,对于中国科学事业的发展有所贡献。听说在1947年"革新校政"运动结束以后不久,胡敦复就不再担任校长,由他的弟弟胡刚复继任。究竟胡敦复在镇压进步学生运动中起了什么作用,至今也不甚清楚,因为他在运动前后及整个过程中从未露面,学生代表及被捕学生家长登门拜访,他也都避而不见。但作为一校之长,他也不能说没有一点责任。我当时对胡敦复是怎样的人一无所知,而且对他的态度也不是我所能决定的,但是现在看起来,从罢课一开始,就动员学生游行到胡敦复私宅请愿示威,是否把事情做得有点过头、增加以后转圜的困难,也值得探讨。

我两次被学校开除,但总还是要找一个去处。我一方面在校外通过"民主青年联合会"遥控指挥大同大学校内的学生运动,同时也进入中华职业教育社兴办的中华工商专科学校。中华工商专科学校没有电机系,我就进入机械系读了半年,没怎么去上课。黄炎培给我上过工商管理课,考试就是写一篇论文,教材是黄炎培写的一本公开出版的书,厚厚一本,内容旁征博引古今中外的管理理论和经验。我在论文中指出他的学问渊博,自己未能很好理解,其实带有讽刺、不太以为然的意思。黄炎培在一次课后专门约我到他的办公室谈话,口称"Mr. 夏",并对论文表示赞许,这是我和黄炎培先生的唯一一次个别谈话。

1948年初,我投考圣约翰大学,结果考取了。我的哥哥、姊姊都就读于圣约翰大学。圣约翰大学的理工科既没有电机系,也无机械系,只有土木系,于是我就读了土木系。我总共读了3年多大学,就进了3个不同的学校,转了3个系。圣约翰大学是一所教会大学,氛围比较特殊。学生家庭层次高,比较散漫。学校采取学分制,由学生在规定范围内自由选课,一个班级并不经常聚在一起。我刚进校时,分配我负责大学基督教团契党组(University Christian Fellowship, UCF)的工作,担任秘书长。UCF实际上是个联合会,下面有不少会员团契,由各年级的男女同学自由组成。后来形势变化,学生运动遭受挫折,UCF解散了。我又回到系里,担任理工分支委的工作(由土木系、化学系和医学院组成)。从地下工作的经历来说,圣约翰时期我的工作成绩最差,因为我对教会学校的学校环境和学生特点都不熟悉,入学以后并没有重视这一点,及时改变自己的工作方法去适应新的情况,而是不自觉地仍沿用过去的工作理念和方法,因此效果不佳。

我的第一位领导——吴学谦同志

入党之后,我经历了两次被开除、四次转校。从自身角度而言,确实是全心全意地投入革命运动。我原本学习成绩不错,后来实际上被迫放弃了学业。当时一心所想的是只要革命成功,一切问题便都可解决,因此没有怎么考虑个人的事情。我投身学生运动,最初是为了抗日,后来是向国民党争取民主自由,这符合我的思想认识。这一段是我与党组织之间关系最好的时期,因为目标一致。在受到国民党打击时,只有在党内才能感受到温暖,因此党员之间关系很融洽。上下级之间也没有官腔,靠的是说服教育和相互信任。这种党内关系,是相当亲密的。地下党时期的同志,与后来接触的党员不同,大家确实是亲密无间的。例如,我与在南洋模范中学党支部时的直接领导人吴学谦同志的关系,就是如此。吴学谦后来曾任党中央政治局委员和国务院副总理,于2008年逝世。我曾为其纪念文集撰文"珍惜平等亲密的同志式关系",现转录如下:

> 我和吴学谦同志是在1945年初认识的。当时已是抗日战争的后期,迎接胜利是当务之急。而南洋模范中学是上海一所中学名校,在此以前,却没有一个中共党员。正是在这样的情况下,好不容易通过各种关系发展了3个党员,在1945年年初建立了党支部。由于对这个学校工作的重视,当时已担任市学委副书记的吴学谦同志就越过中学区委,

直接领导这个支部。我还在高中二年级读书,作为入党稍早的一个,尚未满18岁,就担任了支部书记。按当时地下党中学基层组织的情况,支部书记实际上起不了多大作用,何况我当时还很幼稚,各项工作的开展大多由吴学谦同志直接领导和指挥。应该说当时工作的开展是比较顺利的,不久就逐步打开了局面。有一件事我印象比较深刻。当时,为了扩大在群众中的影响,南模团契(党的外围群众团体)在学校走廊里办了一份名为"南针"的壁报,内容中有一些趣味不高的东西。贴出以后,遭到高一进步同学何志禹、洪澎霖的抨击。我把这一情况向吴学谦同志汇报,他认为这是一场误会,要我直接找他们俩谈话,进行解释和沟通的工作。我遵照他的意见去做,取得了很好的效果。没有经过多长时间,就发展了他们入党,很好地开展了党在高一年级的工作。到同年8月,日本投降,为了准备迎接新四军进驻上海(这一意图后被取消),召开群众大会与校方发生冲突,我因而被开除,从此与吴学谦同志就不再联系。但是,南模地下党的工作已奠定了很好的基础,直到1949年5月上海解放时止,南模先后发展党员累计达135人,成为上海中学中的一座进步堡垒。当然,这是南模历届支部同志共同努力的结果,但是,吴学谦同志领导的开辟工作功不可没。

1949年5月上海解放以后,我曾在青年团市委开会时碰到过吴学谦同志数次,但只是打打招呼而未有机会深谈。不久后吴学谦同志调北京团中央工作,就不再有什么接触了。"文化大革命"结束后,我因修改批判"四人帮"的文章,曾多次应《红旗》杂志社邀请赴京。期间,我曾到中联部宿舍拜访过吴学谦同志。虽然时隔二十六七年,吴学谦同志并不见外,仍与过去地下工作时一样,同我亲切交谈。当时的谈话内容许多都记不起来了,但有一件事情至今印象深刻,就是关于陈一鸣同志。陈一鸣同志曾被打成右派,当时尚未平反。长期以来,关于右派问题是一个禁区,1962年甄别都不包括右派。而吴学谦同志却十分坦率地表示:"我和陈一鸣一起工作过,对他很了解,我看他没有什么问题。"我当时有点吃惊,在我这样一个长期没见面的一般同志面前,能对这样一个具有政治风险的问题发表自己的不同见解,确实有些意外。

后来,吴学谦同志担任外交部部长和国务院副总理,进入政治局,公务繁忙,我也不愿去打扰。直到1993年11月我在中央党校学习时,又去拜访了吴学谦同志一次。这时,他已经退下来,在谈话中,他关切地问起一些高干子弟在上海的活动情况,我就自己所知作了回答。

从仅有的两次接触中,我深切地感到吴学谦同志的平易近人和真诚相待。参加过地下斗争的同志,许多人都怀念当时党内平等亲密的同志式关系。新中国成立后,由于阶级斗争和群众运动不断,党内的关系越来越紧张,而且官气上升,官腔流行,党员同志间逐渐缺少亲切和真诚,像吴学谦同志那样身居高位而能继续保持地下党时期平易、亲切、坦率、真诚的作风,保持党员间同志式的关系,实在是难能可贵的。正是基于这一点,我由衷地尊敬和怀念吴学谦同志。

二、在新社会中蹒跚曲折前行

(1949年5月—1966年5月)

解放初的青年动员革命工作

1949年5月,上海解放。我离开了圣约翰大学,参加了青年团的工作。起初在青年团静安区委,后转到青年团上海市委宣传部。在此期间的1951—1952年,我前往中央团校学习了一年半。当时所做的具体工作与之前也差不多,主要仍是从事群众动员,主要包括动员学生参加南下服务团、西南服务团,分别奔赴四川、福建等地;1950年10月抗美援朝以后,则是动员学生参加军事干校。由于我做动员工作比较得心应手,因此毫无抵触,十分卖力。这期间有一起主要事件,发生在1955年初,当时青年团中央开展了一场名为"共产主义道德教育"的运动,旨在反对资产阶级思想对青年人的腐蚀。这场教育运动看似"口气"颇大,实质上与今天的"扫黄打非"类似。运动具体采取了抓被腐蚀青年"典型"的工作方法,上海的两个"典型"分别是马小彦与傅宝娣。马小彦是一个学生,傅宝娣是一个女工,她们受到流氓思想的腐蚀,行为堕落。我作为青年团上海市委的工作人员,与《解放日报》和《新民晚报》的同志一起,参加了这次"抓典型"活动。当时对"典型"的报道规模很大,在全国产生影响,对于青年思想教育、转变社会风气起到很好的作用。这场运动由上海市委书记陈丕显挂帅,市委宣传部长彭柏山负责,公检法配合,规模不小。大家讨论如何处置腐蚀马小彦、傅宝娣的流氓分子,最后决定枪毙。这些讨论过程,我都参加了。现在回顾起来,当时的某些具体做法存在问题。比如,为了给日后在党的教育下"典型"发生转变的宣传预留空间,采取了有失偏颇的处理措施:一方面对腐蚀马小彦、傅宝娣的流氓分子予以严厉打击,另一方面却人为地减轻被腐蚀者自身的责任,将她们自身存在的问题也都归因于流氓分子。一些部门期待马小彦、傅宝娣会在思想上幡然悔悟,在行为上痛改前非,为此做了许多工作,比如,安排马小彦去工厂劳动锻炼,安排先进工作者做她的师傅,等等。实际效果却事与愿违,马小彦等人的改造并未取得理想效果。在运动开展过程中,我曾随同团市委的其他同志前往北京,向青年团中央第一书记胡耀邦作汇报。虽然我在中央团校学习时见过胡耀邦,亲身接触却只有这唯一的一次。汇报的具体过程已记不清了,但胡耀邦的平易近人给我的印象很深。

"大鸣大放"的旁观者——逃过一劫

1956年3月,我调往中共上海市委宣传部。起初是筹办一个培养理论教育人才的师资训练班,其目的是培养对干部进行系统理论教育的教员,设置有中共党史、哲学、经济学3门课程。我担任训练班副主任。训练班结束,我进入市委宣传部学习室,担任党史组组长,正式开始从事理论工作。1957年开展整风运动,反对主观主义、官僚主义和宗派主义。1957年2月,毛泽东在最高国务会议上发表"正确处理人民内部矛盾"的讲话;3月,又发表了在宣传工作会议上的讲话。4月,中共中央发出了关于进行整风运动的指示,反对"三风";5月,开始了"大鸣大放"。在这种氛围下,《解放日报》1957年4月28日发表了范瑞娟写的一篇文章"我的丈夫 我的蜜月"。这篇文章的实际作者是范瑞娟的丈夫陈伯鸿,他是《中国青年报》的记者。放在当下,这是一篇富有生活情趣、介绍婚后温馨生活琐事的文章,当然不可能有什么"问题"。但在当时报纸登载清一色政治性文章的背景下,《解放日报》作为党报,居然刊登"我的丈夫 我的蜜月"这样的文章,犹如一石激起千层浪,引起各种反应:有人反对,甚至斥为"反动";有人为之辩护,称反对范瑞娟文章的人就像反对"孔夫子谈恋爱"一般道貌岸然。我的主张与前述痛斥文章反动的观点有所不同,我认为党报应该注重思想性,类似明星生活琐事的文章比较无聊,不应占用党报的篇幅,不应为了趣味性而挤占思想性。为此,我撰写了"是反对孔夫子谈恋爱吗?"一文,刊登于 1957 年 4 月 28 日的《新闻日报》,公开亮明我的观点。这是我在整风运动开展后公开发表的第一篇文章,全文如下:

> 《解放日报》发表范瑞娟的"我的丈夫 我的蜜月"一文以后,读者的反应是强烈的。据我所知,在这些反应中,表示反对的是大多数,表示赞同的则是少数。这些表示反对意见的同志,是否真像夏光信同志所分析的那样,是因为看惯了"孔夫子的面孔",而都变成了"反对孔夫子谈恋爱"的封建卫道者呢?我看未必。
>
> 广大读者是一贯地对报纸的"孔夫子面孔"有意见的。自从《人民日报》改版以来,各家报纸的"面孔"都有着不同程度的改变。对于这种改变,并没有引起读者的反对,相反倒是受到热烈欢迎的。例如,在"我的丈夫 我的蜜月"一文发表的前几天,报上就登载过一条有关周璇病情的消息。这条消息反映了电影女演员在旧社会中的辛酸遭遇和新社会对她的关怀,既有一定的思想性,也有一定的趣味性,因而为读者所欢迎。
>
> 夏光信同志认为不能说这篇文章是黄色或庸俗的,是因为:如果说"……没有思想性的文章就是庸俗,这又未免太极端了。没有思想性的事儿多得很,如下棋、散步、打弹子等,你一定能说思想性怎样强吗?但也不能算庸俗。""如果说'喂了糖'之类的字句就是黄色,那么闹新房中并不乏喂糖之类的镜头。"我觉得夏光信同志在这里将生活本身和反映生活的新闻报道,两者完全混为一谈了。"下棋、散步、打弹子"本身当然很难说有什么思想性,但是报纸上写文章介绍"下棋、散步、打弹

子",总是含有提倡正当的休息和娱乐的意思,这就是它的思想性所在。"喂糖之类"在实际生活中是有的,但是生活中有没有是一回事,要不要写成文章、见于报端又是一回事。"到处有生活",报纸是登载不下的,不能不有所取舍,而取舍的重要标准之一,就是看有没有思想性。"喂糖之类的镜头",依我看来,大可不必见之于报端的。

夏光信同志认为说到呢绒料等事决不会影响社会风气,这当然是对的。但是,让我们看一看"我的丈夫 我的蜜月"的原文:"我的丈夫是一个对生活并不十分计较、对工作却十分热爱的人。有一次为了添制几件衣服,问他喜爱哪一种?不料他淡淡地回答:'任何一种都可以。'……"他们俩的经济条件比较宽裕,添置几套呢料衣服,原没有什么不可以。但是她丈夫的回答"任何一种都可以",至少是没有什么值得表扬的。由于响应党的"艰苦奋斗,勤俭建国"的号召,主动地不添置呢料衣服,争取多出口以换回建设物资的,还大有人在。如果不是范瑞娟的丈夫,这样的事例会在《解放日报》上大登而特登吗?

话得说回来,这篇文章不是完全不受读者欢迎的,问题是怎样的读者欢迎和它为什么受欢迎。上海长期以来就有一批所谓"x剧迷",造成一股喜欢打听名演员身边琐事的风气。名演员的一举一动,常常变成内幕新闻,通过买小菜、排队购票、看戏、串门等机会而迅速地流传开去,不胫而走。现在如果有哪一家报纸愿意担任他们的公开情报员,当然是为他们所欢迎的。单纯从生意眼来看,这也未始不是争取读者的一种办法。但可惜这就有点儿迎合小市民的趣味,比起提倡"下棋、散步、打弹子"等正当的趣味,恐怕思想性还要低一点。因此,说这篇文章黄色未必,庸俗则有之。

平心而论,尽管这篇文章有较大的缺点,但是某些段落,如"慈祥的婆婆",正如夏光信同志所指出的,还是写得较成功的。我同意夏光信同志的看法,这篇文章不能算"毒草",仅仅是"野草闲花"罢了。在《解放日报》上登这样一篇,算作一种尝试,原来也是无伤大雅的。不过,尝试的结果,说明多数读者对这类文章是并不欢迎的。现在读者的水平提高了,他们欢迎的是既有思想性、又有趣味性的好文章,不欢迎板起面孔说教的文章,同样不欢迎片面追求趣味性而忽视思想性的文章。作为办报的方针来说,是不应该把趣味性同思想性对立起来的,没有理由因为要提倡趣味性而降低思想性。去年有些报纸长篇累牍地介绍名菜名点,提倡穿花衣服、烫发等等,未始不是一个教训。在一部分读者的意见中固然不免有些偏激的情绪,但是不应该故意地把少数人甚至是个别人的最偏激的意见挑出来加以讽刺,而把广大的读者都当成是反对"孔夫子谈恋爱"的封建卫道者!

现在看起来,我当时的观点还是有点"左"的,虽然不是极左。现在看来,"我的丈夫 我的蜜月"这篇文章内容是健康的,其社会效果是好的。《解放日报》能发表这样的文章,对于改变党报的"面孔",更接近广大读者群众,其作用也是正面的。而观点有问题的,恰恰是我自己。

这篇文章发表后不久,"大鸣大放"就开始了。市委宣传部为了解下属单位的运动情况,向一些单位派出了联络员。我是派驻《文汇报》和时代中学的联络员,但重点是了解《文汇报》的运动情况。在后来的"反右"运动中,《文汇报》被称为"右派的大本营"。主持报社"鸣放"讨论的是钦本立,他是从《人民日报》调来任副总编的,总编辑陈虞孙当时还未到任。联络员在所驻单位必须遵守纪律:只带耳朵,不带嘴,不准动笔。白天听,晚上回到市委宣传部汇报。我认真做好工作,对于不久之后的"反右",也完全没有预测到。在"大鸣大放"期间,我因为受到联络员纪律的约束,既未口头"鸣放",也未在单位贴过大字报,倒也平安无事。6月8日后,风向骤转,开始反击右派分子,我才恍然大悟。市委宣传部最初没有划出什么"右派",还要"补划",为此再来一次"鸣放"。这时,我自然不会上当了。现在回想,我是逃过了一劫,这在我一生中是非常重要的。如果我当时不是担任联络员的话,肯定会积极参加"鸣放",哪里会管得住自己的嘴,闯祸是必然的。一旦成了"右派",就成为敌我矛盾。在"反右"中,我也配合写过一些小文章,批判"右派"言论,如批判主张实行"多党制"等,还批判过费孝通的"社会调查"。当时，我是把写批判文章当作从事理论工作的党员义不容辞的"战斗任务"来从事的，以后也是长期这样做的。

"大跃进"的"促退派"——"再"劫难逃

1957年12月，干部开始下放，我被下放到市郊农村，在上海县宝南乡联明生产合作社第四生产队劳动。市委宣传部下放到联明生产合作社的有两个小队，一个在第三生产队，另一个就在第四生产队，还任命了两个小组长，我是其中之一。不久，"大跃进"开始了，下面拼命向上虚报产量指标，亩产由几百斤吹成了几千斤、上万斤。我对此感到疑惑。虽然我不成长在农村，对农业并不太懂，但总感觉不对头。当时棉花、水稻早已在地里生长，"半生不熟"，我想产量如何可能一下子提高那么多、达到几千斤呢？市委宣传部部长石西民到宝南乡开座谈会，听取汇报，我前往参加。宝南乡党委书记是市委农村工作部下放的一位副处长，也来参加会议。我在会上"开炮"：要实事求是，不能瞎吹牛！其实和外地有些地方刮起的"浮夸风"相比，宝南乡只能算"小巫见大巫"。不仅会上"放炮"，我平时对此也有很多批评。不久筹备成立人民公社，宝南乡成为上海第一家人民公社——七一人民公社。在全乡召开动员大会时，我被点名——夏禹龙是"促退派"。组长也被撤了，叫我专门劳动。1958年底前后，下放的干部陆续返回，但是我这个"促退派"却不得返回，留下来与"地富反坏右"一起劳动。我总共在农村劳动了两年零五个月，在这期间还是有收获的。首先是学会了挑担，这是当时农村男劳动力主要干的活儿。我虽然和男强劳动力还有差距，但也可以一次挑100多斤，不休息走上一里多路。一直到1960年4月，我才回到市委宣传部等待分配，其间有5个月时间只是打杂，无事可干，看来宣传部是不能待了。

1960年9月，我被调到上海人民出版社哲学编辑室任编辑。1962年1月，中央召开"七千人大会"，会后提出要对前几年在运动中受到冲击的干部实施"甄别"。我头上有"促退派""右倾机会主义"的帽子，也被列入"甄别"范围。当时出版社的中层以上干部都被集中起来，分组学习，"白天出气，晚上看戏"。就是白天开会，晚上搞些文娱活动。我有了搞运动的经验，知道不能随便"出气"。虽然上面有指示"不打棍子，不戴帽子，不抓辫子"，但是这些话"靠不住"，所以，开会时我没有"出气"。虽然我所反对的"高指标"等已经被证明是错误的，但是我仍须检讨。检讨什么呢？我抓住了两条：一是反对群众运动。"大跃进"是群众运动，而群众运动是天然合理的，这是当时流行的讲法。其实我们的群众运动，都是由上面发动，或者经上面授意才"轰轰烈烈"开展起来的，实际上是运动群众。但既然是群众表面支持拥护，就不能反对。二是反对新生事物。"大跃进""人民公社"都是新生事物，新生事物不可能十全十美，尽管有缺点，也不能反对。其实，我没有反对"总路线"，但是我觉得"鼓足干劲、力争上游"太抽象，"多快好省建设社会主义"当然是正确的。我也没有反对人民公社，相反还写过几篇赞扬的文章。我主要反对的是"大跃进"。20世纪60年代初经济非常困难，生活艰苦，集中学习时改善干部生活，给大家吃粉丝。开会吃饭时每人一大碗粉丝，当时已经很不容易了。另外还给干部在供应方面提供一些优待等。我这样级别的干部被称为"黄豆干部"，每月额外供应一些黄豆。"出气"出完后，实施甄别。我因为没有什么大的错误，被任命为哲学编辑室主任。

可是上任才几个月，1962年8月召开的八届十中全会上提出阶级斗争要"天天讲，月月讲，年年讲"。接着中央召开思想工作会议，又提出批判"右倾"，所以我的"好日子"也就维持了几个月。我讲求逻辑的一贯性，1958年"大跃进"开始时热火朝天，1959年和1960年经济就遭遇严重损失。如果平稳发展，绝不会如此。全民大炼钢铁炼出的都是废品，柯庆施却说"大炼钢铁不是炼钢，是炼人"，意指锤炼人的思想。我对这种话不以为然，私底下难免议论，结果被汇报上去，又遭到批判。我一方面是"戴罪之身"，另一方面却要投入"理论战斗"，写批判文章，与所谓"错误思想"进行斗争。1964年我在《学术月刊》上发表了两篇文章，一篇是批判杨献珍的"综合基础论"，一篇是批判冯定的"平凡的真理"。当时的批评和批判，已不容许反驳和争鸣，完全是一家之言。

我也发表了一些学术论文，主要发表在江苏省社会科学院的《江海学刊》和湖北省社会科学院的《江汉论坛》上,也有的发表在中国科学院社会科学学部的《新建设》和上海社联的《学术月刊》上。我的文章主要探讨的问题是:一是按劳分配,二是规律,还有就是量变质变问题。应该说前两个问题从当时的形势来看,还是有一定的针对性的。

按劳分配的客观必然性

1958年10月,张春桥的"破除资产阶级的法权思想"一文在《人民日报》发表,受到毛泽东赞赏。由此,在高举"三面红旗"的时期,按劳分配原则遭到否定,"大锅饭"和平均主义盛行,导致生产严重破坏。我对此是有不同看法的,它反映在我发表于《江海学刊》1962年第一期的"关于按劳分配的若干理论问题"一文中,现摘录该文部分段落如下:

> 按劳分配问题是一个重要的理论问题,也是一个重要的实践问题。要对它作出全面的深刻的分析,在目前是有困难的,也是我的能力所不及的。在这篇文章中,我只准备就其中若干理论问题,作一些初步的探索。
>
> **社会生产在现阶段的情况和特点是研究分配方式的出发点。**
>
> 任何分配都是对已经生产出来的社会产品的分配,离开生产就无所谓分配,分配总是和生产密切联系着的。恩格斯说:"生产品的分配方式与方法,同样取决于历史上一定的社会的生产方式与方法、交换方式与方法,取决于这一社会的历史前提。""可是分配并不是生产和交换的单纯消极的结果;分配反过来又影响生产和交换。"这段话告诉我们:不能就分配方式谈分配方式;研究分配必须以现阶段社会的情况和特点,特别是社会生产的情况和特点为出发点。
>
> 我国目前社会的情况和特点是什么呢?总的来说,是处于社会主义的阶段。这个阶段,按照马克思和列宁的提法,是从资本主义到共产主义的过渡时期。这个阶段是必然的,不可逾越的;它不会转瞬即逝,

而将是整整一个历史时期。在这个时期中,社会制度带有过渡性,把它看成是凝固不变的东西,是不对的;但同时它又具有相对稳定性,以为社会主义很快就会转变为共产主义,或者把社会主义和共产主义混淆起来,也是不对的。

不仅如此,社会主义社会虽然整个说来,是从资本主义到共产主义的过渡时期,但按其发展程度来说,又可分为从资本主义到社会主义和从社会主义到共产主义两个不同的阶段。这两个阶段又有部分质的区别。因此,我们在考察按劳分配的原则时,除了必须区别社会主义阶段和共产主义阶段以外,还必须区别社会主义阶段中从资本主义到社会主义和从社会主义到共产主义两个不同的阶段。

必须深刻认识我国在现阶段实行"各尽所能、按劳分配"原则的客观必然性。

按劳分配是社会主义经济规律之一。有的同志只承认按劳分配是"原则",不承认它是"规律"。其实,按劳分配之所以成为消费品分配的原则,正是因为它反映了社会主义经济发展中的客观必然性,而客观必然性也就是规律。

按劳分配规律形成的条件是:一方面,社会主义公有制代替了资本主义私有制,资本已经不再成为消费品分配的尺度。另一方面,社会生产力还没有发展到这样的程度,使社会产品极大地丰富,足以满足每个社会成员的合理的需要。几千年来阶级社会所遗留下来的工农差别、城乡差别、脑力劳动和体力劳动的差别还没有消失;在一般人的头脑中,还存在着不同程度的资产阶级思想残余,劳动还没有成为他们生活的第一需要。这一切决定了社会消费品的分配还不能以需要为尺度,而只能以劳动为尺度。以上这些是马克思列宁主义的一般原理。我们应该结合我国社会的现状来体会这些原理。

我国社会的现状究竟是怎样的呢?

首先,应该看到,生产资料所有制的社会主义革命在我国已经基本完成,社会主义公有制已经在国民经济的一切部门中建立起来。而且,由于我国社会主义建设的发展速度很快,我国的经济面貌也已经发生了明显的变化。但由于我国经济原来很落后,物质基础十分薄弱,因此还没有根本改变"一穷二白"的面貌。"穷",就是社会的生产水平不高,特别是农业,还主要使用手工工具进行生产。"白",就是缺少文化,工农、城乡之间,特别是脑力劳动和体力劳动之间,还有着不容忽视的差别。因此,我国当前所处的阶段,还是从资本主义过渡到社会主义的阶段,而不是从社会主义过渡到共产主义的阶段。我们当前所面临的任务,还是在一个长时期内把我国建设成为一个具有现代工业、现代农业和现代科学文化的社会主义国家,而不是直接向共产主义过渡。

其次,应该看到,共产主义思想和共产主义风格正在劳动人民中间不断成长。这是十分令人鼓舞的现象,必须给以充分的估计。那种认为在社会主义社会不能出现具有共产主义思想和劳动态度的人的观点,是一种机械唯物主义的观点,是必须反对的。但是,社会上一般人的觉悟水平,归根到底,还要受一定的社会生产水平的制约。因此,尽管具有共产主义思想和劳动态度的人们今后还将不断地增加,但在一个长时期内,总的情况还会是这样:多数人赞成"各尽所能、按劳分配";少数人(这部分人将逐渐增多)忘我劳动,不计报酬;还会有少数人(这种人将逐渐减少)要求少劳多得,甚至不劳而获。不承认这一点,就是离开了唯物主义,离开了现实。

从以上情况可以看出,按劳分配规律在我国现阶段是具有发生作用的广阔场所的,我国在当前至今后一个很长的历史时期内,在消费品分配方面实行"各尽所能、按劳分配"原则,是完全必要的。

必须坚持以"各尽所能、按劳分配"为我国现阶段消费品分配的基本原则,但又不能把这一原则绝对化和凝固化。

既然按劳分配规律在我国现阶段具有发生作用的广阔场所,我们在消费品分配方面就必须坚持以"各尽所能、按劳分配"为基本原则。

按劳分配原则是与资本主义的按资(资本)分配原则相对立的。实行这一原则,就使劳动者摆脱了一切剥削,能够按照他们为社会提供的劳动的数量和质量从社会取得相应的报酬。这样,劳动者的个人利益同发展社会生产的利益就紧密结合起来了。在社会产品还不很丰富的条件下,这是最合理的分配原则,也是大多数人唯一能够接受的分配原则。实行这种原则,一方面有利于提高劳动者的劳动积极性,加强人民内部的团结,另一方面又有利于改造剥削者,反对懒惰和巩固劳动纪律。

当然,我们承认我国在现阶段实行按劳分配原则是必要的,绝不是要把这一原则绝对化。因为在现阶段,在坚持按劳分配原则同时,对某些社会的或个人的需要,也不能不予以照顾。例如,人们的某些方面的需要,如文化、教育、卫生方面的需要,是不能单靠个人消费基金得到满足的,必须依靠集体消费基金才能更好地得到满足。又如,有些孤儿、独老和丧失劳动能力的人生活没有依靠,有些人家庭赡养人口多或者遭到不幸事故,虽然积极劳动,但生活仍有困难。这些情况的存在,使我们在坚持"各尽所能、按劳分配"原则的同时,不能不根据当时的需要和可能,采取适当的带有按需分配萌芽性质的措施。例如,当前我国由国家掌握的用于文化教育和集体福利事业的一部分消费基金,以及农村人民公社用于社会保险的基金,就都是带有按需分配萌芽性质的因素。

再说,我们不仅不能把按劳分配原则绝对化,而且不能把这一原则凝固化。按劳分配规律有它产生的条件,按需分配规律也有它产生的条件。按劳分配规律产生的条件前面已经讲过了。按需分配规律产生的条件是:社会生产力已经发展到这样的程度,使社会产品极大地丰富,足以充分满足每个社会成员的合理的需要;工农差别、城乡差别、脑力劳动和体力劳动的差别,都逐步地消失了;全体人民的共产主义觉悟和道德品质都极大地提高了,而劳动已经成为他们生活的第一需要。按需分配的条件和按劳分配的条件是有区别的,但又不是截然分开的。我们不能设想:有那么一天,按劳分配规律发生作用的条件突然消失了，按需分配规律发生作用的条件突然产生了，于是按需分配规律就一下子代替了按劳分配规律。合理的设想是：按劳分配规律发生作用的条件逐步地消失下去，按需分配规律发生作用的条件逐步地成熟起来，从而按劳分配规律发生作用的范围逐步地缩小，按需分配规律发生作用的范围逐步地扩大；到最后，按劳分配规律发生作用的条件完全消失，按需分配规律发生作用的条件完全成熟，按需分配规律就完全代替了按劳分配规律。但是必须明确，按需分配规律逐步代替按劳分配规律的过程，不仅需要一个很长的时间，而且并不发生在现阶段（即由资本主义过渡到社会主义的阶段），而只能发生在下一阶段（即由社会主义过渡到共产主义的阶段）。决不能因为我国现阶段在消费品方面已经存在着某些按需分配萌芽性质的因素，就认为现在已经开始由按劳分配向按需分配过渡。

总之，按劳分配规律在我国现阶段具有发生作用的广阔场所，但是，随着条件的变化，它发生作用的范围也将发生变化。因此，我们一方面必须坚持以"各尽所能、按劳分配"的消费品分配的基本原则，另一方面又不能把这一原则绝对化和凝固化。既具有过渡性，又具有相对稳定性，这是社会主义制度的特点，也是社会主义分配制度的特点。不坚持按劳分配的原则，是错误的；把这一原则绝对化和凝固化，也是错误的。

平均主义和按需分配萌芽性质的因素有着根本区别，它们的分界线在于是否符合当前发展生产的需要。

为了正确实行"各尽所能、按劳分配"原则，需要进行两方面的斗争，既反对高低过分悬殊，又反对平均主义。在反对平均主义方面，怎样区分平均主义和按需分配萌芽性质的因素，是一个极为重要的问题。

平均主义是小资产阶级平等观在经济方面的表现，它抹杀社会上现存的各种差别，要求在不同社会成员间实行平均分配。按需分配萌芽性质的因素则体现了无产阶级的平等观，它照顾到不同社会成员的需要，并不要求在他们中间实行无条件的平均分配。所以，从原则上看,两者的区别是显而易见的。可是,当接触到实际分配问题时,要把两者区别开来,就不是那么容易的了。有时,人们主观上是要求增加按需分配萌芽性质的因素,实际上却是在助长平均主义。其原因之一就是没有看清楚区别两者的标准。

区别两者的标准是什么呢?有这样一种意见:凡是在消费品分配中带有平均成分的,都是平均主义。这是单从形式上看问题,是就分配谈分配,显然是不正确的。试想,在我国革命战争时期,在军队和干部中间所实行的供给制不是一种消费品的大体上平均的分配吗?难道由于这一点就能把供给制当作是平均主义吗?毛泽东同志说得很清楚:"红军人员的物质分配,应该做到大体上的平均,如官兵薪饷平等,因为这是现时斗争环境所需要的。"可是,毛泽东同志接着指出:"但是必须反对不问一切理由的绝对平均主义,因为这不是斗争的需要,适得其反,是于斗争有妨碍的。"可见,判别某种分配方式是不是平均主义,不在于它是否带有平均的成分,而在于这种平均成分是否为当时革命斗争所需要。

革命斗争的需要在不同时期是不相同的。如果说在革命战争时期,是否符合战胜敌人的需要,是划分平均主义与非平均主义的根本界限;那么,在当前社会主义革命和社会主义建设时期,是否符合正确处理人民内部矛盾和发展生产的需要,就是划分平均主义与按需分配萌芽性质的因素的根本界限。我们在社会全部消费基金中划出一部分作为集体消费基金,如农村人民公社的可分配收入中划出一部分作为社会保险基金,虽然在某种意义上也带有一点平均的成分,但只要这些做法对加强人民内部的团结有利,对发挥人们的劳动积极性、促进社会生产力的发展有利,就不是平均主义,而是按需分配萌芽性质的因素。至于这种因素究竟能有多少,则不是决定于我们的主观愿望,而是决定于当时的实际需要和生产发展的程度。如果我们脱离了这些条件,任意增加社会保险部分在农村人民公社的社员收入中的比重,结果事情就会走到它自己的反面,不仅不能增加按需分配萌芽性质的因素,而且会增加平均主义的因素;不仅不能加强人民内部的团结,而且扩大人民内部的矛盾;不仅不能调动人们的劳动积极性,而且助长好逸恶劳、自由散漫等资产阶级、小资产阶级思想的发展。同时,在这里我们还必须着重地指出一点,那就是某种分配方式是否符合当时发展生产的需要,这个问题不仅是一个理论问题,更重要的是一个实践问题。只有通过实践和实践中积累起来的经验,才能确定按需分配萌芽性质的因素在某一阶段的消费品分配上所应占有的适当比例,才能鉴别何种分配方式符合当时发展生产的需要,何种分配方式不符合当时发展生产的需要。因此,当我们在这方面还缺乏实践经验或实践经验不足的时候,这样或那样地混淆平均主义与按需分配萌芽性质的因素的界限,从这里或那里产生一些带有平均主义性质的缺点,是难以完全避免的。但如果我们在思想上真正树立了区别平均主义与按需分配萌芽性质的因素的标准,这些缺点就会易于发现和纠正。

以上情况说明,我们在消费品分配方面,既要适应发展生产的需要,保持一定的按需分配萌芽性质的因素,又要在今后一个长时期内,把它约束在一个相当小的比例中,以作为按劳分配原则的一种必要的补充。

如上所述,我对于按劳分配的理论分析,还是有一定的现实针对性的。但是,我对于按劳分配原则的肯定,也只能停留在抽象议论,而不能涉及具体政策问题,否则就会被指责为攻击"三面红旗"了。其间,我只有一篇发表在《解放日报》上的短文,提倡在农村实行"大包工",是具有政策建议性质的。因为人民公社采取按每天出工时间统计工分的制度,与生产效率并无联系。我主张按照农作物的生长周期,根据作物的长势、产量的情况,给负责分段包工的社员记工分。

在规律问题上与王若水的商榷

关于规律问题,实际上当时的"大跃进"是不讲客观规律的。所谓"人有多大胆,地有多大产""不怕做不到、就怕想不到"等口号的流行就是例子。因此,我认为需要尊重规律的客观性。1962年,王若水在《人民日报》上发表"规律是眼睛看不见的"一文,强调规律的客观性,在读者中引起一些争论。我也写了一篇"不要把规律神秘化——与王若水同志商榷",刊登在1962年10月9日的《文汇报》上,全文照录如下:

  读了若水同志的"规律是眼睛看不见的"一文,很有启发。它要求严格地按照规律本身的科学含义来应用这个概念,并指出:"规律是事物的内在的本质的联系,它具有客观性、普遍性、必然性。"规律"应该把这一类现象总括起来,找出它们背后的共同原因";规律"不能用眼睛直接看见,能用眼睛看见的……就不是规律"。这些意见,我都是同意的。但是,当接触到具体例子的时候,我和若水同志的理解就不大相同了。这种不同,归根结底,还是反映了相互之间对于规律这个概念的认识的分歧。所以,我在这里提出来与若水同志商榷。

  首先,关于规律的普遍性。若水同志在文章中对什么是规律的普遍性没有作正面的阐述,但从他所举的例子来看,似乎是高标准的,即这种普遍性必须大到适用于整个自然界或者一个或几个社会形态时,才算是规律,如万有引力定律、能量转化定律和价值规律等;否则就不是规律。我的理解则有所不同。我认为,所谓规律的普遍性,除了少数最普遍的辩证法规律以外,都只能是在一定范围内的普遍性。这个一定范围可大可小,不能单把适用范围大的叫规律,把适用范围小的就不叫规律。何况,这种大小也是相对的,不可能在它们中间划出一条绝对的界限。例如,"水往低处流""苹果落地"这两个判断有没有普遍性?若水同志的回答是否定的,我的回答却是肯定的。因为它们不是单称判断,而是全称判断,不是指的一滴水、一个苹果,而是指的所有的水、所有的苹果。这就是它们的普遍性。再从哲学史上来看,黑格尔是很懂得规律的普遍性的,但是,他就曾经把"被举离地面的石头松手以后坠落地面"当成一条规律。"石头落地"可以成为一条规律,为什么"苹果落地"就不可以呢?

其次,关于规律是眼睛看不见的问题。对这一点,我和若水同志在原则上没有分歧,但在具体理解上却是有分歧的。若水同志认为,"苹果落地"是能用眼睛看见的,所以不为规律。其实,这是一种误解。刚才已经说过,"苹果落地"是一个全称判断。单独的苹果落地的事实,当然是能用眼睛看见的,但"凡苹果都落地",却是眼睛看不见的,而是只能由概念来反映的。黑格尔说得好:"被举离地面的石头松手以后坠落地面,这条规律决不要求把所有的石头都拿来做过这个实验以后才成立。"而且,也绝不可能把所有的石头都拿来做这个实验。恩格斯曾经把"水在摄氏零度和一百度之间是液体"当成"永恒的自然规律"。如果按照若水同志的理解,那么,水的液体状态是能用眼睛看见的,水的温度也是可以用温度计测量出来的,它又怎能是规律呢?

最后,关于规律和因果性的关系问题。因果性是规律的一个特征,对规律的认识总是包括对一定的因果性的认识。对这一点,我和若水同志没有分歧。可是,怎样才算因果性的认识呢? 我和若水同志的理解就不大相同了。若水同志认为,"水往低处流"和"苹果落地"只是现象,不是规律,因为它们并不包括因果性的认识。我看未必尽然。水在高处,这是因,往低处流,这是果,这就是"水往低处流"所包括的因果性的认识。苹果与树枝脱离,这是因,落地,这是果,这就是"苹果落地"所包括的因果性的认识。也许若水同志会说:这种认识太肤浅了,不能算因果性的认识,只有找出支配这一类现象的共同原因——万有引力定律,才算达到因果性的认识。我看这种要求未免太高了。若水同志似乎不了解:因果性的认识是一个由浅到深的发展过程,深的是因果性的认识,浅的也是因果性的认识;何况这种深浅也是相对的,不可能在它们中间划出一条绝对的界限。例如,恩格斯所表述的"水在摄氏零度和一百度之间是液体"这条自然规律,不过是指出温度和水的液体状态之间的一定的必然联系,而并没有深入地阐明水之所以是液体的原因——水分子间相互作用的分子力和分子的热运动的对立统一的一定状态。再如,达尔文所称的生长相关律,即一个有机生物个别部分的特定形态经常是和其他部分的某些形态联系的,也不过是把"一切具有无细胞核的红血球并以两个骨节来联结后脑骨和第一节脊椎骨的动物,无例外地都有乳腺来喂养其幼子","哺乳类中的偶蹄通常是和那用来反刍的复杂的胃囊相联系的"这样一些事实,简单地概括起来,而并没有说出更多的所以然来。可是,对于这两者,恩格斯都承认它们是规律。更何况严格说来,牛顿的万有引力定律也没有阐明苹果落地这一类现象背后的共同原因,因为它只是指出了任何物体间都具有相互吸引力这样的事实和这种吸引力的计算公式,而并没有弄清楚这种吸引力之所以产生的原因。直到爱因斯坦提出了广义相对论,才知道这种吸引力的产生是由于物质的存在和一定的分布状况使时间和空间的性质呈现出各处不同(所谓时空弯曲)的结果。但可惜这个理论,至今还没有得到最后的证实。所以,按照若水同志的理解,万有引力定律能否算是规律,似乎也是值得怀疑的了。

若水同志可能还有一层考虑:如果把"水往低处流""苹果落地"都当成规律,那"就很容易产生这样的错觉:规律是可以改变的"。因为"宇宙飞船可以不像苹果那样落回到地面上来",不就是"'违反'规律"了吗?其实,这是不必要的顾虑。所谓"水往低处流""苹果落地",都是一种简化的不确切的表述。确切的表述应该是这样的,"水在不受其他外力的影响下,总是从高处往低处流","苹果在脱离树枝以后,在不受其他外力的影响下,一定坠落地面"。宇宙飞船的起飞,是受到强烈的外力推动的,它一不是液体,二不是自由落体,当然不属于上述规律的适用范围,又怎么会发生违反规律的问题呢?

依上所说,若水同志是把规律这个概念的外延大大缩小了。之所以会如此,我想恐怕是由于他对科学规律缺乏历史的考察。若水同志果然也承认"发现规律是一个漫长而艰苦的过程",却并没有提及科学规律本身又是怎样发展的。我以为,科学规律本身也是一个由低级到高级的发展过程,它表现在两个方面:由特殊规律到普遍规律(其中也包括由普遍规律到特殊规律);由较肤浅的规律到较深刻的规律。列宁说:"人的思想由现象到本质,由所谓初级的本质到二级的本质,这样不断地加深下去,以至于无穷。"人们对规律的认识也有类似的情况,即由现象到规律,由初级规律到二级规律,再到三级规律,等等。

恩格斯曾经举过这样3个判断:"摩擦是热的一个源泉";"一切机械运动形态都能藉摩擦转化为热";"在对每一场合的特定的条件下,任何一种运动形态都能够而且不得不直接或间接地转变成其他运动形态"。他认为第一个判断是个别性的判断;第二个判断是特殊性的判断;第三个判断是普遍性的判断。若水同志引用了恩格斯的这些话,由此认为只有第三个判断是规律,而第一个判断和第二个判断都不是规律。我对此却有不同的看法。我以为,这3个判断都是规律,不过有初级规律、二级规律、三级规律的区别罢了。试拿"摩擦是热的一个源泉"这个判断来分析,它显然已经不是反映了事物的现象,而是反映了事物的本质。因为尽管史前的人在实践上早就用摩擦来使冻冷了的肢体温暖,用摩擦来取火等,但是,人类要由手的摩擦、石头的摩擦、树枝的摩擦等感觉经验上升到摩擦的概念,由肢体的热、火的热等感觉经验上升到热的概念,并作出摩擦和热之间普遍的必然的判断,却是一件极不容易的事,期间不知道要经过多少年。恩格斯在谈到原始人的时候写到:"……同手的发展一起,人的头脑也一步一步地发展起来,这样就产生了意识——最初是对个别实际有用效果的诸条件的意识,而后来在处境较好的民族中间,由此就产生了对自然规律的理解,而自然规律是制约着这些有用的结果的。"知道用手摩擦来使冻冷了的肢体温暖,可以说是"对个别实际有用效果的诸条件的意识",而知道"摩擦是热的一个源泉",却是"对自然规律的理解",因为"摩擦生热"这个自然规律,是制约着使冻冷了的肢体温暖的有用效果的。其实,"摩擦生热"不仅是规律,按照原始人的知识水平来说,恐怕还是一条相当高级的规律呢。

若水同志也许会有这样的疑问:规律应该是普遍的,而恩格斯不是明明白白地把这个判断看作个别性的判断吗？我看这两者并不矛盾。个别本来是与特殊、普遍相对的一个概念，在一种联系之中为个别，并不妨碍它在另一种联系之中为普遍。正如人对于动物、生物来说是个别，而对于张三、中国人来说又是普遍一样，"摩擦是热的一个源泉"对于上述另外两个判断来说，是个别性的判断，而对于用手摩擦身体能够取暖、用石头或树枝相互摩擦能够取火来说，又是普遍性的判断。值得注意的是，恩格斯在这里只是指出："到了这种形态（即达到"任何运动形态都证明自己能够而且不得不转变为其他任何一种运动形态"的判断——作者注），规律便获得了自己的最后的表现。"而并没有说，只有到了这种形态，才是规律。既然这种形态是规律的最后的表现，那么，在它以前的两种形态应该也是规律的表现，不过是初级的或者二级的表现罢了。

恩格斯说："我们对自然界的整个支配，仅仅是因为我们胜于其他一切动物，能够认识和正确运用自然规律而已。"如果把"摩擦是热的一个源泉"甚至"一切机械运动都能藉摩擦转化为热"都排斥在规律之外，那么，在15世纪后半期近代自然科学出现以前，人类就几乎处于对自然规律完全无知的状态，这样，又怎能胜过其他一切动物而逐渐取得对自然界的支配呢？

当然，我们现在所处的时代毕竟不是史前的时代。自然界最普遍的规律，如能量转化定律、万有引力定律等，都早已发现，而"摩擦生热""水往低处流""石头落地"等，则变成连小学生都知道的常识。在这种情况下，如果还有人把"摩擦生热"之类当成什么了不起的规律而在那里津津乐道，那诚然是幼稚可笑的。同样，如果牛顿看见苹果落地，就以为发现了什么新的规律，那更是不可思议的。因为"苹果落地"的规律早在史前就发现了，何用几千年以后的牛顿再来费神呢？正是在这个意义上，恩格斯嘲笑杜林把"经济手段，即自然财富和人力的生产率，因发现和发明而提高"当作经济学上的"基本规律"，是好像把"动物吃东西"当作"一切动物生活的基本规律"一样。值得注意的是，恩格斯在这里只是否定"动物吃东西"是一切动物生活的基本规律,而并没有否定"动物吃东西"是规律,正如恩格斯批评杜林到处滥用"永恒真理"是在简单的事物上玩弄大字眼,而并没有否定"永恒真理"本身一样。为了恩格斯不否认有"永恒真理","经验一元主义"者波格唐诺夫还指责过他的"不坚定"。列宁坚决反驳这种指责说:"如果你不能断言'拿破仑死于1821年5月5日'这个命题是错误的或不确切的,那么你就得承认它是真理。如果你不能断言它在将来会被驳倒,那么你就得承认这个真理是永恒真理。"同样,我们也可以反驳不承认"动物吃东西"是规律的同志:如果你不能否认"动物吃东西"是不依人们主观意志为转移的客观事实,不能否认一切动物都必须吃东西,那么你就得承认它是规律。

总之,若水同志写这篇文章的本意,是在于反对把规律庸俗化。可是,矫枉过了正,反对了庸俗化,却带来了神秘化。由于研究规律、认识和掌握规律、按规律办事,是党对广大干部的普遍要求,而干部中的大多数人又只是在一个具体单位从事一项具体工作,因而他们一般总是首先认识和掌握那些与他们的工作有关的、适用范围较小的特殊规律和初级规律,然后才有可能进而认识和掌握普遍规律和高级规律。如果把那些特殊规律和初级规律都排除在规律之外,就容易在某些人的心目中,造成规律高不可攀的误解,这样,所谓"研究规律、认识和掌握规律、按规律办事",不是也有成为空话的危险吗?所以,为了严格地按照规律这个概念的科学含义来应用它,是既要反对庸俗化,又要反对神秘化。

现在回顾起来,我与王若水的争论似乎并无太大的意义,因为在当时的历史条件下,尊重规律的客观性,不搞唯意志论,才是问题的关键所在。至于对规律本身认识的神秘化和庸俗化,则是次要的问题。因为当时的形势不允许深入讨论实践中存在的具体问题,只能在概念上兜圈子。这样兜来兜去,我自己也感到索然无味,这类文章写不下去了。

加强"内控"和参加"四清"
——"文革"被揪斗的前奏

我想既然不能涉及社会现实,那么我就转而研究自然辩证法,索性以自然界为研究对象吧,自然界没有阶级性。到了1964年,我开始研究起自然辩证法。我从门捷列夫的化学元素周期表入门,逐步探索,也陆续写了一些文章,投给《新建设》杂志。最初,《新建设》的反应比较积极,但是最终却通知我不予发表。我感到奇怪,于是设法了解内情,结果获悉是上海人民出版社人事部门从中进行阻挠。在此之前,他们早已向上海的报刊打了招呼:不要发表夏禹龙的文章。这我是知道的。但是《新建设》并不是上海的杂志,为何也不刊登我的文章呢?原来《新建设》在采用稿件时,要给作者单位去信征求意见,以确保在政治上万无一失,上海人民出版社人事部门自然告知不能发表夏禹龙的文章。因此在1964年以后,我在上海和外地都不能发表文章,被完全封杀了。出版社有关部门还一度打算把我定为"阶级异己分子",但是被上级组织否定了。我仍是哲学编辑室主任,实际上却已无事可干。在这种环境中,我的心情非常沉闷。我是一个性格外向的人,平时碰到什么事情,愿意和同事们一起谈论。可是在那个时期,只要我和谁说了些什么,组织马上就会知道。同事之间打小报告的风气非常厉害,弄得我有口难言,真是"日脚难过",度日如年。

话说回来,领导对我也感到难办。我虽然实际上已形同"内控",但是又不能撤我的职,我还是每天在他们的眼皮底下。到了1965年初,我就被派往川沙县参加"四清"。"四清"半年一期,我参加了两期。当时全国正在推广"桃园经验",我也积极学习,准备认真抓好阶级斗争。但是经过一段时间,我发现几个生产队虽然也存在各种问题,但总体情况还是不错的,完全不像"桃园经验"宣传的那样,农村阶级斗争形势已经到了非常严峻的地步。在此期间,我的思想总的还是偏"左"的,不过在参加实际斗争中,还没有达到对客观事实视而不见的程度。1966年5月,"五一六"通知发布,"文化大革命"开始了。我被上海人民出版社从川沙"揪"了回去,不能再继续参加"四清"了。

我被揪回社里,迎接我的是铺天盖地的大字报。我发现自己已被升格为"反党、反社会主义、反毛泽东思想"的"三反分子"。"文化大革命"伊始,上海揪斗8个所谓"资产阶级反动学术权威",我也是与他们同一时间"靠边站"的。

我在"文化大革命"之前,其实已被打入"另册"。回想起来,我感到自己与党在政治路线上并没有多大的原则分歧。最大的矛盾,在于我坚持个性发展,对愈演愈烈的个人崇拜现象抱有抵触。1953年3月斯大林逝世时,我正在中央团校学习。不少人痛哭流涕,但是我没有。我在同室的学员间,还散布"斯大林可敬不可亲"的言论。我对他的看法与对列宁不同,我认为列宁是既可敬又可亲的。列宁的文章充满个性,这在斯大林的文章中是看不到的,一连串的"由此可见"演绎推理,显得平板。此外,《列宁在十月》《列宁在一九一八》两部电影在形成我对列宁的印象方面,影响也很大,列宁在电影中显得很有人情味,不像电影中的斯大林形象那样呆板。再谈谈对毛泽东,总的来说,我对他还是很尊敬的,但对于"毛主席像太阳,照到哪里哪里亮"之类的说法,我始终不赞成。太阳是地球上能量的总来源,人怎么能与太阳相提并论呢?这个比喻并不恰当。毛泽东在《矛盾论》中提到"斗争性是绝对的,同一性是相对的",并作了论证。我对此始终持怀疑态度,认为论证隐含着一个逻辑的矛盾。毛泽东在《矛盾论》中是这样论证的:"两个相反的东西中间有同一性,所以二者能够共处于一个统一体中,又能够互相转化,这是说的条件性……所以说同一性是有条件的,相对的。""矛盾的斗争贯串于过程的始终,并使这一过程向着他过程转化,矛盾的斗争无所不在,所以说矛盾的斗争性是无条件的、绝对的。"这里实际上采用了两个不同的衡量标准,在论证矛盾的同一性的相对性时,采用的是撇开具体表现形式的抽象标准,而论证矛盾的斗争性的绝对性时,采用的却是联系具体表现形式的具体标准。如果对两者采用同一个衡量标准的话,那么,若采用抽象标准,则不仅矛盾的斗争性是无条件的、绝对的,而且矛盾的同一性同样贯彻于过程的始终,也是无条件的、绝对的;若采用具体标准,则不仅矛盾的同一性是有条件的、相对的,而且矛盾的斗争性同样在过程的不同阶段具有不同的斗争形式,也是有条件的、相对的。我在初次阅读《矛盾论》时就有这样的疑问,一直也没有解开,不过长期以来不敢公开提出质疑罢了。

20世纪60年代初,刘少奇提出"驯服工具论",我也一直持反对的态度。我认为"驯"是针对野兽的,怎么能用来对有思想的人呢?我真是想不通。

回顾我在参加革命至"文革"前的整个思想历程,其实还是偏"左"的。但是由于我的思想中始终存在着对个性解放的追求,要求有人格的独立性,这是我与党内长期流行的个人崇拜和绝对服从的观念格格不入、存在无法消弭的矛盾。因此,从建国以来,我在党内始终被认为是"老右倾",不时地,特别是在政治运动中以此接受批判,这是社会历史大环境下所形成的错位。

三、经历"文革"折腾，从迷茫中逐渐醒悟

(1966年5月—1976年10月)

"三反"分子的加冕

1966年"五一六"通知公布时，我正在奉贤参加"四清"。"五一六"通知一广播，我立即被上海人民出版社揪回单位接受批斗。回来一看，单位里到处贴有我的大字报，给我定性为"反党、反社会主义、反毛泽东思想"的"三反分子"。当时，上海刚揪出8个"资产阶级反动学术权威"，分别是李平心、贺绿汀、周谷城、周信芳、周予同、李俊民、瞿白音、王西彦。我一时心里很紧张，因为根据我的经验，凡在"运动"之初被揪出来的，结局大都不妙。自己已经躲过好几次，这次大概在劫难逃。我在单位"靠边"，接受审查；在里弄还要按照红卫兵的"勒令"早请示、晚汇报，检查自己的罪过。我家住的是新式里弄房子。一早起来就得先到弄堂里向同里弄的红卫兵小将们报到，在他们监督下，背诵毛主席语录，向毛主席请罪后，才能动身到单位里去。在单位里接受造反派批斗后回家，又得向里弄里的红卫兵小将们报到，在他们监督下，向毛主席汇报一天中接受批斗的悔罪心情。在里弄中造反派批斗居民里的牛鬼蛇神时，还得低头站在一边陪斗，时不时地还得向造反派背诵毛主席的"老三篇"。当时运动初起，红卫兵、造反派兴头正高，折腾得厉害，

我感到很狼狈。

我的紧张心情持续了几个月,一直到10月才松了一口气。1966年10月,中央召开工作会议,提出批判"资产阶级反动路线",刘少奇、邓小平做了检讨。"踢开党委闹革命"在全国蔓延,斗争的矛头指向上层。其实批判"资产阶级反动路线"才是"文化大革命"的主要实质性内容,从此着重揭发"走资本主义道路的当权派",斗争指向上层领导,天下开始大乱。不过,我倒是逐渐心定了。出版社领导、市委宣传部领导,乃至市领导,纷纷被打倒,我这个小小的出版社哲学编辑室主任又算得了什么呢?从个人的处境出发,我拥护批判"资产阶级反动路线",这对我个人而言无疑是开出了一条生路。一方面,我对大局、形势如何进一步发展,确实也看不清。应该说批判"资产阶级反动路线"是"文革"的一个重大步骤,它把斗争的矛头开始集中到"党内走资本主义道路的当权派"即各级党政领导干部身上。因此,从大局上看,它应该是被彻底否定的。而我却从个人利害关系出发,对它作了相当的肯定,这在认识上是明显错误的。另一方面,对于"文革"前历次政治运动中采取的"丢卒保车、丢车保帅",将矛盾引向下级的做法,我是有怨气的。这次运动指向上层,老实说我是有点高兴的。由于错误的认识和不当的情绪,我就在某种程度上同情造反派。上海人民出版社的造反派开始归属"上海出版系统造反司令部",简称"版司",也有一部分造反派不属于"版司",分成了两派。"版司"成员多为知识分子、中层干部,业务水平比较高。另一派造反派的成员大多出身好,政治上可信任,不过业务水平不太行。"文革"前干部搭配也往往如此,例如,编辑室主任出身好,但业务差些,就配备一个出身不太好,但业务水平高的当副主任。过了一段时间,出身好、业务不太行的那部分造反派觉得这样下去难以为继,就投靠了"工总司"。"工总司"的头头是王洪文,于是他们身价大涨,一下子就压倒了"版司"。这就是双方争权夺利的情况。

在"五七"干校的改造

由于我是一只"死老虎",又不是当权派,对夺权没啥关系,因此两派都对我兴趣不大,把我晾在一边。虽然我也时常被揪斗,但主要是"陪斗",就这样处于"靠边"状态,但我内心还是倾向于"版司"一派的。

祸不单行。我的妻子郭贞当时任职于青年宫文艺组,主要负责管理学生课余艺术团。这个课余艺术团确实培养出一批文化艺术人才,像汤沐海、史蜀君等都曾经是艺术团的成员。1966年4月,郭贞带领一批学生团员下乡演出和体验生活。"文革"开始后,她被揪回批斗,被隔离关在青年宫内,晚上睡在厕所间,在浴缸上铺块木板当床,不许回家,长达半年之久。

1968年初,我失去了姐姐夏孟英和大哥夏禹思两位亲人。先是姐姐夏孟英在隔离审查期间跳楼身亡,随后大哥夏禹思在隔离审查中被逼自缢。夏孟英终年仅45岁,夏禹思46岁。我因在上海,与兄、姐也不大通信,所以未受到直接牵连,但他们的死亡对我的情绪影响极大。我们兄弟姊妹四人,一下子就失去了一半。兄姐的不幸遇难,加之我自己的遭遇,使我逐渐开始反思"文革",尽管起初认识并不深刻。

1968年夏,郭贞随青年宫全体干部去奉贤"文化五七干校"。1969年夏,上海市革命委员会动员干部去黑龙江省插队,郭贞名列其中,被分配到呼玛县十八站。临行前宣布恢复党籍,并在我家门上贴红纸报喜。9月成行时,我和两个女儿到火车站"欢送",其实内心是痛苦的,有当时拍的照片为证。以后,郭贞可每年回沪一次,由于她患有乙型肝炎,于1974年正式回沪。回沪后明确规定,不准回市级机关,就另行分配到卢湾区工人文化宫。

我也在1969年12月随上海人民出版社全体人员下乡,来到奉贤柘林,住在农民家里,继续开展运动。过了一段时间,"出版五七干校"也创办起来了,它位于奉贤海边,"文化五七干校"对面。干校条件极其简陋,住在用竹、木搭起的棚子里,四面漏风。大家一边劳动,一边参加批斗。所谓"劳动",其实也是"拆烂污",马马虎虎的。至于批斗的情况,记得搞得比较厉害的,是上海人民出版社和《新民晚报》两个"连队",其他"连队"稍许缓和一些。1971年9月13日,林彪出逃,"文革"形势由此发生重大变化。毛主席提出

⊙ 我们一家欢送郭贞去黑龙江插队时在火车站的合影

全党学习马列,不要上"政治骗子"的当,于是干校确定学习《反杜林论》《国家与革命》《共产党宣言》等 6 本经典著作。学习了一段时间后,大家感到需要辅导,于是校部成立了辅导组,我也被调入其中,就此摆脱了参加批斗的"任务"。我在辅导组的工作,是辅导大家学习《反杜林论》中关于自然科学的 4 章。这是我主动请缨的,自然科学部分的辅导不会有政治风险。除了干校学员外,我也辅导工宣队。当时我空余时间不少,于是就看书学习,借来许多书来读,其中有马克思和恩格斯的《资本论》、黑格尔的《小逻辑》、康德的《纯粹理性批判》等,我都认真做了笔记。

重当编辑的经历

1973年,根据毛泽东要创办《自然辩证法》杂志的指示,姚文元在上海作出部署。我从干校借调至《自然辩证法》编辑部,参加创办工作。《自然辩证法》属于市委写作组领导。我在里面其实也是做些"小工",编写注解,并不让我写大文章。1974年初,开始"批林批孔",编辑部内也进行讨论。我倒并不反对"批林批孔",但是不大起劲。有时在学习讨论会上,我发言容易开"无轨电车"。结果被人反映到上面,说我消极对待运动,加之我本来在杂志社所起的作用不大,于是写作组将我退回上海人民出版社。我不愿意再搞社会科学理论,唯恐再生事端,决定设法"逃离"。"文革"爆发后,上海的出版社仅存上海人民出版社一家,原上海科技出版社成为上海人民出版社科技组。我提出自己原本是学理工科的,要求调到科技组。社里同意了,我于是到科技组担任了土木编辑,编些如建造水泥小贮油池之类的小册子。当时又开始"评法批儒",将古代从事自然科学技术的历史人物,如从事建筑、桥梁、纺织等方面科学技术工作的专家一律称为"法家",予以褒扬。为了配合形势,社里要出一套"评法批儒"的科技史话丛书,我也参加了这方面的编辑工作。由于我是土木编辑,就与同济大学的专家们一起编了《建筑史话》和《桥梁史话》两本书。陈从周当时还处于被批判的地位,也参与了《建筑史话》的编写。

回顾"文革",我感到虽然"文革"前一些当权干部的所作所为确实存在不少问题,但是"文革"中不分青红皂白"打倒一切"的做法确实太过头了。我记得当时写作组一位外号叫"小老王"的头头,他就公开说:造反成功主要靠流氓无产者,明朝开国皇帝朱元璋就是一个例子,而知识分子只能敲敲边鼓。他所谓的流氓无产者,当然是指王洪文、陈阿大之类的造反派头头。我对"文革"前当权派的一些做法确实有不少意见,但亲眼看到造反派的所作所为,又感到实在不像话。在这种情况下,我是很迷茫的。"文革"中曾号召干部去黑龙江,我积极报名,真心想去,其实是对周遭环境极其失望,认为好人难觅,想逃离这种处境。结果我爱人去了,我没去成。"文革"十年,我的思想根据形势的发展和自己的处境,是逐渐在起变化的。但是,我长时间感到迷茫,虽不断有所反思,但认识并不深刻。1975年,邓小平复出,大力进行整顿,我和一些在北京的老同学、老朋友也逐渐恢复了往来。通过与他们的交往,得到一些过去未知的内幕信息,对形势的认识开始变得清晰起来。1975年11月,风云再次突变,开始"批邓、反击右倾翻案风",我已经不太以为然,只是虚与应付罢了。

"文革"十年,我的思想情绪受运动的影响,起伏很大。有时也消极悲观,但总是不断在考虑应对之策,并未厌世,从来没有产生自杀的念头。这说明我生性豁达,具有顽强的生的意志,最苦恼的时刻是我面对突如其来的逆境,一时又想不出有效的应对之策。这大概与我在建国以来的十几年中不断受到批判、已经是习以为常的"老运动员"有关,"文革"不过是又一次更加剧烈的考验罢了。因而我在思想上多少有所准备,不像有些同志平时一帆风顺地走过来,碰到"文革"这样的处境大逆转,变化太大,一时想不通就走上自杀的绝路。我在"文革"中,曾被造反派赐予"死猪不怕开水烫"的称号,于此可见一斑。"文革"刚开始我就被揪出来,戴上"三反分子"的帽子,在"文革"十年的大部分时间内,都处于"靠边"、被不断批斗的状态。但是,"塞翁失马,焉知非福",由于我长期"靠边",又因为不是当权派,与造反派夺权无关,被当作"死老虎"晾在一边,既不属于批斗的主要对象,也不是结合对象。后期虽一度进入写作组领导的《自然辩证法》编辑部,却只是一个只配编写注解的"小工",并且因为工作不得力,政治表现欠佳,不久就被辞退。所以,在"文革"后清除"三种人"时,我根本挨不上边,属于在"文革"期间无不良表现之列。这就是我在"文革"一开始就被揪出来,长期"靠边"挨批斗的好处。否则,如果我也有机会被造反派结合的话,那就难保在"文革"跌宕起伏、复杂多变的过程中不会犯下这样那样的错误。所以,我在"文革"中所经受的种种磨难和考验,在一定意义上也可以说是因祸得福,为我的后半生带来转机。

四、从"评法批儒"转到揭批"四人帮"

(1976年4月—1979年8月)

对古今桥梁的实地考察

从1974年开始,"批林批孔"朝"评法批儒"这个方向发展。所谓"评法批儒",就是褒扬法家,批判儒家。历史上搞科学技术的,都被归入法家,因此上海开始搞中国科技史,分门别类,有纺织史、天文史等。我当时在上海人民出版社科技组(即上海科技出版社),分工土木方面,因此负责编辑《建筑史话》《桥梁史话》两本书。《建筑史话》编了一段时间,最终未完成;《桥梁史话》后来出书了。这两本书都是由同济大学的教师执笔,《桥梁史话》共有4人参与:金大钧,原系总支书记;李明昭,教授;潘洪萱,年纪相对较轻,教师,学生干部出身;还有一位是工宣队成员,叫沈家麟,是城建局公路管理处来的青年,和大家关系都挺好。

到1976年4月,我们开始实地考察古代桥梁。第一站是苏州。苏州城里水网纵横,有所谓"三横四直"之称:"三横"是指东西向的3条河流,"四直"是指南北向的4条水道。苏州城区面积21平方公里,桥梁310余座,平均每平方公里就有15座桥梁。而威尼斯面积567平方公里,桥梁378座,平均每平方公里只有0.66座桥梁,桥梁密度远逊于苏州。我们查阅地方志,了解苏州桥梁的历史沿革,还实地考察了一些桥梁,对于桥梁的类型、功能及其内含的人文精神都作了具体的剖析,还重点考察了位于市郊的宝带桥。苏州之后的下一站是南京,我们主要考察了南京长江大桥,对其作为完全依靠自己的技术力量和装备建成的大型现代化桥梁在中国桥梁史上的地位,作了充分的肯定。此后我们兵分两路:我与李明昭、潘洪萱、沈家麟4人继续往西考察;金大钧等人向东进发,主要前往福建等地。

在继续考察的途中,"四人帮"于1976年10月6日垮台,不过我们没有马上得知这一重大消息。直到10月9日,我们一行人在洛阳听无线电广播,才知道这个消息。因为经费充足,我们决定按原计划继续行程,于是乘火车从洛阳到成都。抵达成都后,因为不再通火车,我们就乘汽车到雅安,翻越了二郎山。二郎山海拔3 000多米,山上多处终年积雪,汽车过山时,要用铁链将轮胎紧紧包裹住。翻过二郎山,10月底到了泸定,那里有著名的泸定桥。我们在泸定停留了10天。大渡河水流湍急,泸定桥是铁索桥,长度有100米,每根铁索重达1.5至2吨。这么重的铁索是如何从大渡河的这一头搬运到那一头的?用船运显然不行,实在是个谜。我们为此查阅有关资料,并走访了70多岁的老桥工,初步得出的结论是:先用如钓鱼线粗细的绳子,下悬铁锤,把它甩过河;或用细绳的一头扣紧在箭头上射过河,然后代以粗绳,最后才换成铁索拉过河。当然这只是我们的研究结果,并非最终结论,历史事实究竟如何,还有待进一步探索。总之,泸定桥是劳动人民长期经验积累的创造。我们在考察泸定桥时,还掀开桥板,爬下去仔细查看过桥墩内部的结构,发现其中每一个铁链上都有印章,载明制作工匠的相关信息,这实在是生产负责制的一种体现。将来无论哪个铁链出现质量问题,应承担责任之人即可一目了然。离开泸定桥之后,我们又回到成都。原本计划乘坐宝成线,先抵达宝鸡,然后到西安。不料这时却发生了一起事故:宝成线要经过隧道,一列火车在隧道内发生事故,导致隧道关闭,无法通行。我们只得改变计划:先由成都到重庆,再由重庆乘船至武汉,最后到长沙。到了长沙后,宝成铁路已恢复通车,我们就又坐火车到了西安,考察一番后回到上海。这次考察前后历时一个多月,也算是少有的经历,增长了不少见闻。回上海后,我们写出《桥梁史话》的初稿。初稿完成后,我没有继续参与。最后成稿的《桥梁史话》,与初稿相比变动还是不少的。这本书经评选获得了"全国新长征优秀科普作品"二等奖,总算是一个成果吧。经过这次编写《桥梁史话》的过程,我和金大钧、李明昭、潘洪萱成为熟稔的朋友,几十年来一直保持联系。现在金、李二位已作古,潘洪萱先生继续研究中国桥梁史,已成为这方面的专家,我们仍不时保持联系,互通声气。

这次考察对我来说很有意义。我虽然号称工科土木系大学毕业,但实际上不仅书没有读完,而且毫无实践经验。这次考察使我这个一贯纸上谈兵的人,有了些许专业方面的实际体会,也是终身难忘的一件事情。

对"四人帮"的集中揭批

洪泽同志在"文革"前任中共华东局宣传部副部长,"文革"初期即作为"走资派""靠了边"。"四人帮"垮台后他平反复出,分管上海的出版工作。我在20世纪60年代曾因参与过他(时任中共华东局宣传部学习室主任)组织的书籍和文章编写工作(如参与编写华东版哲学教科书《辩证唯物主义与历史唯物主义》)而较为熟悉。因此,他就将我调出,成立"上海人民出版社批判组"——"批判组"前面没有"大"字,以示与"文革"时的"大批判"相区别,开始写文章批判"四人帮"。很多在"文革"中"靠边"的干部陆续解放,不少人等待分配工作,其中一些人来到"批判组"。例如,《文汇报》的全一毛在"文革"前中共上海市委宣传部曾打算将他调去部里工作,《文汇报》总编辑陈虞孙则回称"我一毛不拔"。还有陈念云。他因知道江青30年代在上海的一些事情而受到牵连,离开"批判组"后担任《解放日报》总编辑。此外还有刘金。刘金在上海文艺出版社时,姚文元批判《战火中的青春》,而他却说好,由此刘金在"文革"中被批为"小爬虫"。刘金后任中共上海市委宣传部文艺处处长。原来在《新民晚报》担任副总编的欧阳文彬当时也在"批判组"。有些人在"批判组"的时间长一些,有些人短一些。我则是时间最长的,"贯彻始终",约有一年。开始是"批判组",后来出版局恢复,又改称上海市出版局理论研究室,工作重心仍是写批判"四人帮"的文章。当时发表文章不署作者个人姓名,而是一律署名"批判组"。我是主要骨干,写了不少文章,大都刊登在《人民日报》《红旗》上,当然也有在《解放日报》《文汇报》上发表的。我好几次前往北京,住在《红旗》杂志社招待所修改文章。因为上海是"四人帮"的"老巢",上海"批判组"的文章格外受到重视,胡耀邦也曾加以称赞,得到他的肯定。"批判组"成员在"文革"中都吃过苦头,因此干劲十足,写作十分投入。大家一方面对"四人帮"进行批判,同时在这个过程中对自己的思想也做了清理,毕竟对许多问题的认识开始也是比较模糊的。总之,这个批判组所写的文章,在当时的社会影响是比较好的。但是"四人帮"垮台之初,大家对今后国家的发展道路并没有立刻认识清楚,加之掌握材料方面的局限,所以以今日的眼光来看,当时有些文章的观点未必精当。

我举个例子。"四人帮"到底是"左",还是"右"？林彪倒台后,周恩来提出要批判"极左";但是毛泽东反对,认为林彪是"极右",而不是"极左"。因为一批"极左",势必就会影响到对于"文化大革命"的评价。由此在批判"四人帮"时,对于他们推行的一套究竟界定为"左"还是"右",就很难把握。为此在人民日报社讨论文章的定稿时意见并不一致,王若水也参加了讨论。大家争论激烈,最后在文章发表时折衷为"假左真右"。

从"评法批儒"到粉碎"四人帮",国家的命运经历了历史性转折,我个人的人生也遭遇了重大转机。

五、形成"四人研写组"，为改革开放鼓与呼

(1979年8月—1990年7月)

"四人研写组"形成的过程及其缘由

我与刘吉、冯之浚、张念椿4人之间的合作是一个很有意义的话题。大家合作写文章，有雅称我们为"四君子"的，也有戏称为"四条汉子"的，这里姑且称作"四人研写组"吧。从1979年8月持续至1990年7月，我们的合作时间长达10年。

我们4人原来互不相识。1979年初夏，位于武汉的华中工学院自然辩证法研究室举办"全国科学技术史"讨论会，我们4人都应邀与会。会议结束后乘轮船返沪，航程有几天时间。我们4人在船上互相交流了各自情况，初步结识，并合作完成了第一篇文章"要重视科学技术史研究"，发表于1979年8月30日的《文汇报》。

刘吉当时在上海内燃机所，是一名科技人员。周克是副所长，他在"反右"中被错划为"右派"，还被开除了党籍。刘吉也曾被诬陷为"反革命"，他们之间比较熟悉。回到上海后，我通过刘吉结识了周克同志。1980年在合肥召开科学学、未来学、人才学3门新学科的全国讨论会，我与刘吉参加了这次会议，对科学学有了初步概念。返回上海后，我们向周克汇报，建议上

◎ 在讨论会上的"四人研写组"成员　从左至右：刘吉，我，冯之浚（张念椿缺）

海成立全国首家科学学研究所。周克时任上海市委副秘书长，他将这个建议向汪道涵市长做了汇报，汪道涵表示支持，并点名周克出任所长。于是上海科学学研究所成立。研究所的工作人员起初多为兼职：我作为第一副所长，编制却从未进入研究所；冯之浚和张念椿在上海铁道学院，刘吉在上海内燃机所。这种情况比较"奇特"。1980年，我已从上海市出版局理论研究室调至上海市委宣传部。因为这时洪泽担任市委宣传部副部长，是他将我调到市委宣传部。开始我在理论处工作，后来成立的思想研究室由我负责。在思想研究室期间，我主编了《思想工作与思想现代化》一书，主要论述思想工作与各个现代学科之间的关系。我在该书的"前言"中，对这本书的写作意图作了如下说明：

"思想工作和现代化"包含两层含义：一层是就思想工作目标所说的，就是说思想工作应当为现代化建设服务；另一层是就思想工作本身所说的，就是说为了有效地为现代化建设服务，思想工作从内容、方法到手段也应该现代化。这本书正是试图从各个侧面来阐发这两层含义的。

那么，本书为什么用"思想工作"这个词，而不用"政治思想工作"或"思想政治工作"这两个常见的词呢？我们结合这本书的内容作过一番考虑。因为"政治思想工作"和"思想政治工作"都可以作"政治、思想工作"和"思想、政治工作"解。如果这样作解，范围就宽了。因为政治工作不仅包括宣传教育工作，而且包括组织工作、统战工作、保卫工作、工会工作、妇女工作、青年工作等，后面的这些工作都不属于这本书所要阐述的范围。同时，"政治思想工作"还可以作"政治的思想工作"解。如果这样作解，那么范围又显得太窄了。因为我们认为，思想工作的内容应该是全面的，既包括政治的思想，也包括非政治的思想，应该在进行思想工作时，把这两者辩证地结合起来。只重视政治的思想，而把非政治的思想排斥在思想工作范围以外，这是长期来不适当地以阶级斗争为纲在思想工作中的一种表现，现在不应再继续下去。

从这里，也可以体会到该书包含的一些新意。

1983年，我以上海科学学研究所副所长的身份访问美国，归国后写了4篇"访美随感"，刊登于《解放日报》。

从1980年到1986年的7年间，是我们4人合作写文章的"黄金时代"。我统计了一下：7年间以4人名义发表的论文达100万字，著作也达100万字。虽然有些论文被吸纳入著作中，内容有重复，除去这个因素，我们的写作数量仍然相当可观。1987年以后，我们的合作变少。冯之浚原任上海科学学研究所副所长，后加入民盟，调北京任民盟中央副主委、全国人大常委；刘吉先是到上海市科技协会任副主席，陈至立任上海市委宣传部长后，他任副部长。张念椿后来自己创办企业。我于1984年到上海社科院任副院长，当时已56岁，按照现在的说法，几乎到了快退休的年龄。他们3个人都要比我年轻七八岁，正当工作的"黄金时代"。

我们4人之所以能够长期合作，首先是具有一些共同点。第一，大家都具有工程技术学历背景，我虽然并未从事这方面的工作，但大学念的是土木工程。刘吉毕业于清华大学动力机械系，后到上海内燃机所工作；冯之浚毕业于上海铁道学院铁道工程系；张念椿毕业于同济大学路桥工程系，他们两人都在上海铁道学院任教。第二，大家兴趣、爱好都比较广泛。除了本专业之外，对哲学、经济学、科技史、自然辩证法等也有研究兴趣，兼具自然科学与社会科学的"两栖"知识结构。第三，在"十年动乱"中遭遇都比较坎坷。我是"三反分子"，刘吉在上海内燃机所被打成"现行反革命"，吃了不少苦头，冯之浚和张念椿也被"靠边"接受审查。共同的遭遇，使我们对某些事物的看法具有共同点。"文革"结束后，大家都已人到中年，被压抑多年的干劲爆发，都想干点事情，把被耽误的时间补回来。

我们合作的学科领域，开始是自然辩证法与科技史。但是这两门都是基础学科，而改革开放后面临的现实问题有一大串，这两门学科对研究解决这些现实问题都嫌抽象、有距离。在这种情况下，我们提出"广义自然辩证法"的概念，意图将自然辩证法从纯科学哲学领域引申到管理、社会领域。为此，还在《自然辩证法通讯》上发表长文。正好这个时候，从国外引进了"科学学"，这与我们的想法不谋而合，于是我们就全力投入科学学研究之中。我们的研究由科学哲学问题推广到科学社会学、科学管理学，与现实更为贴近。1983年9月，《科学学基础》一书由上海科学技术出版社出版，在全国影响较大。除我们4人外，这本书的作者还有目前仍在同济大学担任教授的孙章。

领导科学的创立

我们的研究领域实际超出科学学范围，此后逐渐转到领导科学。1983年5月，我们合作撰写了《领导科学基础》一书，这是全国最早、也是最重要的一本领导科学专著。当时国内其实并无"领导科学"，我们听说罗马尼亚共产党的党校开设有"领导科学"这门课程。这门课程也没有专门的教材，而是分成几门课，总称为"领导科学"。我们由此受到启发，开始研究领导科学。这样做并不是标新立异，而是顺应了改革开放的时代需求。在改革开放以前，我国实行高度集中的计划经济体制，政府对经济活动直接发指令，企业没有自主权，只能按照政府的计划办事。企业并不需要考虑市场情况，其功能实际上等同于一个庞大的车间。当时厂长、经理们只关心局部的管理问题,如生产管理、技术管理、财务管理等;而对于全局性的问题,如市场营销等,则基本不加关注,也不需要他们进行战略决策。"文革"结束后,当时虽未全面实行商品经济,但是厂长、经理们对于新的经济环境,显然有点不知所措。地方政府也遇到同样的问题:历来由中央政府高度集中管理,地方政府的自主权限很少。企业、社会组织、地方政府的领导普遍缺乏全局性的决策能力,对新的经济环境感到十分困惑。在这种情况下,以把握、决策实施全局性问题为研究对象的领导科学应运而生,适应了时代的需要。在西方管理学中,也研究全局性的决策和实施问题,对我们有重要的参考价值,但是中国的情况与西方差别很大,并不能照搬。20 世纪 80 年代,"科学"这个名称一度很"吃香",我们就将这门新学科命名为"领导科学",但实际上"领导"除了包含科学的成分,还是一门艺术。现在看来,"领导学"这个称谓似乎更为贴切一些。这就是"领导科学"的由来。它的出现,起到了启蒙作用,因此大受欢迎。我们与北京等地的学者一起,在全国各地办讲座,培训干部,省长、省委书记往往亲自前来听讲,社会影响很大。

领导科学中的很多内容借鉴于西方的相关学科,但也注重结合中国的实际情况,有所变通和发展。它的创新之处首先在决策方面。我们在《中国社会科学》上发表文章,阐述了重大决策的程序,一共有 8 条,这是在国外已有理论基础上、结合中国实际情况的创新。其次,我们提出"追踪决策"的概念,这也是国外所没有的。

20 世纪 80 年代初,宝山钢铁厂一期工程已经上马。随着中央开始批评经济工作中的"洋跃进",有些人认为宝钢项目必须下马,提出的理由很多,包括上海的土壤疏松、地基不稳等。于是,上海市成立了一个类似智囊团的专家组对宝钢项目是否下马的问题进行论证。小组以李国豪为首,冯之浚参加了,意见倾向于不赞成下马。因为工程已经开工建设,不是谁说停就停那么简单,专家组最后建议工程建设延期(即不下马,可以暂缓)。宝钢工程项目最终保留下来。此事结束后,我们 4 人认为决策并非总是一次性的,决策之后发现新的问题,可以重新决策,也就是"追踪决策"。但是"追踪决策"相对于初次决策有不同的特点,为此有必要从理论上进行一些总结。

◉ 李国豪与我握手之谈

于是,我们在《领导科学基础》一书中,专门列入"追踪决策"一节,其内容摘录如下:

据我们的初步探索,追踪决策有如下四大特征:
1. 回溯分析

一般决策是在分析当时条件与预测未来的基础上,进行方案的择优选好。而追踪决策是在这样的情况下进行的:原有决策业已实施,而在实践中情况发生极大的变化,致使原有决策面临失效的危险,必须重新决策。因此,追踪决策的分析过程,首先应从回溯分析开始,对原有决策的产生机制与产生环境进行客观分析,列出失误的产生过程并究其原因,以便去误取正,转误为正,使追踪决策建筑在现实的正确的基础之上。反之,如果不能正确地总结出失误的原因,就不可能找到有效的对策,那么追踪决策就可能糊里糊涂地又是一次失误。

回溯分析必须从原有决策的起点开始,一步一步地顺序进行,才可能看出在哪一步开始失误。越是在前面的环节出了差错,其影响也就越大,可谓"失之毫厘,差之千里"。因此,找出最初几个"失误点"的意义更为重要。如果胡子眉毛一把抓,当然也可以找出一些原因,但是常常理不出头绪,分不清主次,很可能抓了芝麻丢了西瓜。而且,由于最近的事态记忆犹新,最容易引起注意,反而可能忽视掉最初几个"失误点"。

回溯分析必须以充分的实事求是的调查为基础。充分,就是不可忽视每个环节、每件事、每个重要的指导思想,对所有一切都客观地记录下来。实事求是,就是一切以事实为依据,对事不对人。决策离不开人,但是在回溯分析时必须抛开一切人事关系,否则,许多事实真相就有可能被掩盖,甚至被歪曲。要做到这一点,就要不评论是非功过。例如,在决策的某个环节上,当时有3种不同意见,两种意见争论十分激烈,另一种意见只有一个人提出,提出后没有反响,最后领导决策采纳了争论后的多数意见等。在作成绩总结时,只要列举最后被采纳的多数意见即可,但在回溯分析时,不仅争论后被否定的少数意见要如实写下,而且那个当初没被人注意的第三种意见也要记录下来。只记录意见不记录人。只有基于这样客观的实事求是的调查,才可能作出客观的实事求是的分析,找到失误的真实原因。

应该强调指出,在回溯分析中人们重视失误的原因,这是很自然的事。但是,回溯分析还不止于此,它还应该在原有决策中寻找其合理的因素。挖掘这些合理因素,对于追踪决策同样有很大的益处。追踪决策是一个扬弃,它只否定原决策中错误的东西,但绝不可倒洗澡水连孩子也一起倒掉。相反,往往正是这些合理的因素为找到新的有效对策提供了良好的基础。

2. 非零起点

一般决策指的是人们为了达到一定的目标,从两个以上的方案中,经过比较分析,选择一个最佳的或满意的方案。这种决策所选定的方案,尚未付诸实施,处于"纸上谈兵"的阶段,客观对象与环境也未受到人的决策的干扰与影响,就这一点而言,一般决策乃是以零为起点。

追踪决策则不然。它所面临的对象与条件,已经不是处于初始状态,而是经过人们按照既定方案,对之施加了一段时间的改造、干扰与影响。也就是说,原有决策已经实施了一段时间,这种实施不仅伴随着人、财、物等资源的消耗,而且这些消耗的结果已对周围环境发生了实际的影响。因而,追踪决策极为重要的一个特征,即是非零起点。这一特征是决策者进行追踪决策时,万万不可等闲视之的。

"非零起点"这一特征必然导致追踪决策的两个基本要求:

(1) 必须慎之又慎。任何鲁莽都可能带来巨大的损失,而失去追踪决策的意义。

(2) 必须尽力抓紧。拖延不得,拖延一分钟就会有一分钟的后果,拖延时间越长,后果越严重,而且大多是不利的后果。

为了达到这两个要求,追踪决策必须集中优势兵力打歼灭战,要及时把各方面专家的力量都有机地组织起来进行工作。同时,在专家们的各种意见都充分发表之后,领导必须及时果断地作出决策。

无须赘言,原有决策实施的时间越久,实施面越广,实施的后果就越大。一句话,离零越远,越需要慎重而紧迫地进行追踪决策。

3. 双重优化

一般决策的方案选优是从几个并列的方案中一次择优寻好即可。然而,追踪决策的方案的选择,却具有双重优化的性质,即:它所选择的方案必须满足下面两点:

(1) 优于原有决策方案。追踪决策不是简单地改变原有决策,只有这种改变可以带来比原有决策更多的好处,才有意义。否则,追踪决策就是多余的浪费。

(2) 在诸新方案中进一步择优。达到比原有决策优化的追踪决策,还不是最难的事。比原有决策优化的方案也可以很多。追踪决策还要求我们在新的主客观情况下,在诸新方案中选择出一个最优的方案,以获得最佳效益。

总而言之,前一条是追踪决策的起点,后一条是追踪决策力求达到的根本目标。这就给追踪决策带来更多的困难和复杂性。

方案择优的焦点,当然还是"损益值"。人们总是希望尽量减少损失,尽量获得更多收益。在一般决策时,益大于损是择优的起码原则。但是在追踪决策时就要具体情况具体分析。有的时候,决策只能从小损或大损中选择,"害中取小,即为大利",是追踪决策中常常遇到的情况。

4. 心理效应

心理效应在决策中占有重要地位,而对于追踪决策,这个效应更为强烈。因为追踪决策是在原有决策已经实施而又要改变的背景下进行的,所以,在进行追踪决策时,必须把心理效应放在更重要的地位。

首先,要改变原有决策,这就在有关人员心中引起强烈的感情刺激,容易失去公正的客观尺度。原决策人会因怕承担责任而竭力为原有决策辩解,甚至掩盖真相、消极对抗;而原有决策的反对者们,也可能因此否定一切,甚至连决策中的合理因素也摒弃,走向另一个极端。还有一些旁观者,可能幸灾乐祸,推波助澜。这样,人们的感情就会使决策离开它应有的科学性。这些都给追踪决策带来很多附加的困难。人的问题要通过做人的思想工作去解决,在这里思想工作有着巨大的不容争辩的意义。但思想工作也不是万能的,还应采用科学的措施来尽量消除这种感情因素的影响。例如,原有决策的当事人(不论是最后决策人,还是当初激烈反对者)应该回避,或者组织对立意见的双方进行面对面的公开辩论等,都是有一定作用的。

同时,因为原有决策已经实施,它就必然使决策对象的内部和外部人员处在既有的利害关系之中。从内部而言,参加原有决策实施的人员,不仅不可避免地对自己劳动成果充满感情,而且会有命运相系的心理。在重新决策时,他们容易因前途未卜而产生不安的骚动。这一切都会反过来影响追踪决策的进行。使不同层次的内部人员了解不同深度的情况,参与追踪决策,是一个比较好的办法。就外部而言,任何决策都是一个系统,与外界有各种各样的联系,因此也会引起一系列连锁的心理反应。倘若追踪决策的论证尚在进行之中,而决策方案的主要精神已经外泄,就会引起某种心理的浮动,特别是与其相关的系统就会纷纷采取对策。……结果必然又改变了追踪决策最初赖以确立的客观条件,反过来严重影响追踪决策的进行。所以,在追踪决策完成之前,对外必须严格保密,在实施过程中再逐渐解密。

由于从计划经济过渡到商品经济(市场经济),大家都缺乏经验,只能"摸着石头过河",在这种情况下决策失误在所难免。在中国做决策,和国外的情况大不相同,如果不研究追踪决策的话,那造成的损失将不得了。我们提出的追踪决策的这几条是具有创新意义的。

领导科学被提出以后,因其顺应时代变化的需要,在全国引起领导科学的研究学习热潮。其中,担负培训干部重任的党校系统尤为起劲。于是领导科学也逐渐分成两派:一派是偏向于继承党的传统,主要是从以往的党史、党建课程中截取有关领导方法的内容,再将之改头换面为"领导科学",主要讲毛泽东的"群众路线""解剖麻雀""调查研究""弹钢琴""胸中有数"等工作方法。党校系统也出版了很多教材,全国大概有二三百本,互相传抄,蔚为大观。另一派是除了继承优良传统以外,更着重吸收适合当今时代的国外先进经验。党的一套传统的领导工作的理论和方法,有其必须继承的精华,但它毕竟主要是在农村的环境中形成的,与当前的现实环境不能完全相适应,在继承中必须要有所创新。例如,"群众路线"过去一直运用于群众运动之中,但是现在不搞群众运动了,而是要求程序化、制度化、法律化。这就是说,"群众路线"的内涵需要进一步发展。再如,"解剖麻雀""开调查会"这些方法在历史上都发挥了很好的作用,但是现在的情况要比以前农村复杂得多,想通过"解剖一只麻雀"获得典型经验,是大大不够的;"开调查会"也是如此,在现实情况下更应采取科学抽样的调查方法,并结合运用一些西方现代化的分析工具。

我们编写的《领导科学基础》先后共出版了15版,印数达140万册以上。出版社赚了很多钱,作者倒是再没拿到过额外的稿酬。在从科学学发展到领导科学的过程中,我们的研究领域主要包括:①战略研究,具体有经济发展战略、科技发展战略、战略研究方法等;②科技政策、科技体制、科技管理;③人才与智力开发,包括教育体制、如何看待知识分子等。我们的研究范围,其实已超出单一学科所涵盖的领域。

四人合作的方法和分工

我们4个人的合作方法,主要是采取不定期、不拘形式聚会的方式。在碰头时,大家来一场"头脑风暴",天南地北,畅所欲言,彼此交换信息、想法,在这个过程中确定新的研究方向。一旦确定,各人即分头筹划初步设想。有了初步想法后,大家再次碰头,交换想法,达成共识,形成提纲。有了提纲后,各自承担一部分写作。写完后再汇聚磨合,综合成文。头脑风暴、确定主题、形成提纲、分头写作、汇聚综合、统一完成,我们的合作方法基本可归纳为以上步骤。在合作过程中,我们做到了:①信息共享,有什么信息无私共享;②思想共振,有不同想法即进行讨论甚至争论,不惜面红耳赤,最终达成共识;③三维共识,所谓"三维",是指将课题研究、教学实践、论著这3方面统一起来;④情绪共染。例如,在1986年元旦,大家乘元旦休息两天的机会,找了一个旅馆碰头。畅谈后决定写一本书——《现代化与中国》。同年7月,该书出版。这本谈话形式的书,成为我们合作"黄金时代"的一本有代表性的著作。直到1990年7月《经营管理大系·领导卷》出版,"四人研写组"合作著书立说宣告结束。

我们4个人写作时分头写稿,但每个人的特点、作用并不相同。刘吉和冯之浚知识面广,思维活跃,容易产生新的想法、思路;张念椿文笔比较通顺,善于写科普读物。他除了参与写作之外,还负责与出版社联系、发稿等工作,类似于"业务经理"。我的年纪比他们大一些,马克思主义的书籍读得也多一些,加之长期担任编辑工作,所以逻辑比较严密,文字比较严谨,长于综合。因此大多数统稿工作,是由我负责完成的。我思想观念上也不保守,不时会有一些新的想法。至于成果的署名,始终是我排在第一,刘吉第二,冯之浚第三,张念椿第四。大家认为我年纪比别人大七八岁,出道早,所以一致同意将我排名第一。有一些两千字左右的小文章,4个人署名不大像样,于是我们从每个人的名字中各取一字,起了一个"夏吉春子"的笔名。慢慢地,大家也都知道了这个像是日本人名字的笔名其实就是我们4个人。当时评职称、等级的工作刚刚开始,作者署名的顺序问题并不重要,与现在十分重视第一作者完全不同。我曾经几次提出,不必每次我都署名第一,应按对文章的实际贡献排名,但其他3人都认为不必改动。按照现在的标准来看,我们4个人的合作成果中,相当数量的第一作者并不是我。在当今越来越重视研究成果的作者排名的情况下,在署名问题上,我是"沾了光"的,同时也使其他合作者受了委屈。这虽非始料所及,但在此我还是要作出郑重声明以表示我的歉意。

六、参与咨询工作,为地区战略和上海发展献策

(1982年3月—2010年10月)

梯度理论和区域经济发展

我在决策咨询方面的一项工作是关于梯度理论与区域经济发展。1982年3月20日,在上海科学学研究所的内部刊物《研究与建议》上,刊登了我们"四人研写组"写的一篇文章《梯度理论和区域经济》,全文照录如下:

第二次世界大战以后,发展中国家为了争取早日实现现代化,曾有过著名的"起飞理论",即尽量采用最先进的科学技术成就使经济起飞,迎头赶上发达的国家。但实践表明,往往由于脱离国情,收效甚微。因此,近年来又兴起了新的"适应理论",认为经济发展步骤不可超越,适应发展中国家薄弱的基础,应该首先采用"中间技术",甚至发展"传统技术",再逐步过渡到先进技术。根据我国的情况,我们应采纳哪一种经验才能有效地促使经济起飞呢?这里有两个基本事实是不容忽视的:

(1)经过30多年的社会主义建设,我国已建立起一个比较完整的、有一定水平的工业体系;同时,也不是一切都落后,某些领域已经达

到或接近世界先进水平。要实现现代化,不充分发挥这些已有的经济能力,决不是明智的。

(2)我国是一个大国,这必然带来一个经济发展不平衡的特征。我国固然还有大片地区仍然停留在"传统技术"水平上,但是,也有像北京、天津、上海、广州这样一些城市,是我国的"第一世界",它们与国际水平的差距较小。不充分发挥这些经济地区的能力,也是不明智的。

因此在我国不能"一刀切"地搬用"中间技术",我们应该探索自己的经济发展理论。我们认为,实现"技术梯度"的观点是可取的。因为我国经济发展不平衡的特点,实际上已经形成了一种技术梯度——有的地区是"先进技术",有的地区是"中间技术",有的地区还是"传统技术"。过去的问题是期望一下子全面先进,齐头赶超,甚至用"一平二调"来拉平差距。现在,我们应改过来,自觉地形成技术梯度,让一些有条件的地区首先掌握世界先进技术,然后逐步向"中间技术"和"传统技术"地带转移。随着经济的发展,通过转移的加速,逐步缩小地区差距。我们不妨把这种理论称为"梯度理论"。

如果考察一下国外发达国家现代化情况,"梯度理论"是有实践依据的。美国工业化首先是从东北区开始,然后西移,南方至今仍比较保守。日本现代经济首先是从东京湾、大阪湾、伊势湾和濑户内海沿岸4个区域开始。这4个经济区的面积仅占全国总面积的22%,而工业产值则占全国工业总产值的80%,集中了全国钢铁工业的85%、石油冶炼能力的91%和乙烯生产的94.6%。这些"先进技术"的经济区有一些共同特点:

(1)以海、湖泊、江河等自然地理条件为依托。水利是现代经济发展的重要因素。

(2)经济区不是万能区,而是特色区,也就是说,应有自己的优势产业。美国东北区以"五湖"为中心,主要是钢铁汽车等工业;而电子工业集中在加利福尼亚的"硅谷"。日本东京湾以机械工业为主,大阪湾是造船业中心,伊势湾是石化工业区。

(3) 经济区具有鲜明的"群落性"。现代经济像"生态群落"一样,既不是杂乱无章的混合,也不是大而全的组合,而是按照最佳经济效益将各行业、各企业以及科研、教育、社会等各方面,有机地组成一个互相依存、互相促进的经济结构。

由此可见,经济区不是人为地按照行政区划确立和发展的,而是由自然地理特点和经济条件形成的。

根据以上分析,我国现代化发展的一个重要战略应是有选择地促进经济区的建设。中国民主革命是从建立革命根据地走向全面胜利的。建设经济区就是现代化经济的根据地,它的意义将是深远的。

建设经济区,长江三角洲具有特殊的意义。它包括上海全部、浙江杭嘉湖地区、江苏沿江地区乃至溯江而上包括安徽的一部分。这是我国自然条件最好、经济最富裕的地区之一,是我国现代工业最集中、水平最先进的地区之一,也是技术、人力和管理经验最丰富的地区之一。因此,最有条件建设成为一个"先进技术"的经济区。

长江三角洲有传统的密切的经济联系,只是被多年按行政区划的地区壁垒所削弱。地区壁垒使市场缩小、建设重复,严重地束缚了这个地区的经济发展。例如,全国有160个行业,上海就有145个。但以上海弹丸之地搞全面发展,必然"臌胀病"越来越严重。现在已经超负荷运行。在这种情况下,仅限于在上海内部进行调整是困难的,也是有限的。上海今天所碰到的问题,苏州、杭州、无锡等城市也已出现,这是用"大而全""小而全"的办法发展现代经济所必然产生的结果。解除这些地区经济发展羁绊的惟一有效办法,就是"大而特":一方面打破地区壁垒,建立巨大的共同市场;另一方面根据本地区的特色,扬长避短,专业分工,有机地统一协调发展。

总之,建设长江三角洲经济区有如下显著的优越性:

(1) 有利于充分利用各类资源,使经济区内各地区共同繁荣;

(2) 有利于解决现代经济发展过程中容易发生、现已相当严重的"臌胀病";

(3) 有利于集中经济区的实力,创名牌打进国际市场,解决盲目自我竞争的矛盾;

(4) 有利于实行"政企分开"的经济体制改革。这个改革一下子在全国实行有现实的困难,只有"先进技术"地区最需要也最容易实现这个改革,从而为全国改革积累经验。这也可以说是一种"管理梯度"。

当然,建立经济区还有大量的理论问题要研究,更有大量的实际调查与规划工作要做。困难虽然很多,但这是实现现代化应有的战略决策,值得有关领导重视。

中国近代文明是从长江三角洲开始的,愿中国现代化经济也从长江三角洲首先起飞吧!

现在看来,这篇文章的论述并不全面,因为它主要论述了技术梯度,而实际上中国不仅需要引进国外先进技术,还需要引进外国资本及管理制度。梯度所包含的内容实在是很广泛的。文章发表后,天津率先响应,随即在沿海地区引发一片叫好之声。有人开始补充,将技术梯度扩展为经济梯度,这个问题就讲得比较全面了。与此同时,与沿海地区形成鲜明对照的则是内地一片反对。尤其是内蒙、四川两个省区的反对最激烈,他们有人声称:如果不批倒梯度理论,内地就没有出路。于是他们写信邀请我们前去辩论。对此,我们一概回绝。因为我们提出的是一个学术问题,而官方的介入使事情复杂化了。中央当时没有表态,但实际上是支持梯度理论的。国家体制改革委员会(以下简称"体改委")主任薄一波对此有一段批示:"梯度理论很有意思,在研究体制改革中应予重视。"批示的时间是1982年6月26日。此后我们成立了一个小组,受体改委之命,写出《关于建立和开发长江三角洲经济区的刍议》。体改委于当年10月转发全国。1982年12月,根据赵紫阳同志提议,成立了上海经济区规划办公室。上海经济区最初包括10座城市:上海、苏州、无锡、常州、南通、杭州、嘉兴、湖州、宁波、绍兴。此后范围有所扩大,将安徽的几座城市也包括进去。上海经济区规划办公室是国务院的派出机构,但是工作进展状况不佳。原因首先在于各省实行财政包干,大家都从各自的利益出发,很难统一筹划;另一个则是没有从经济制度的改革上着手,通过经济措施加强区域内企业间的经济联系,而是一味采取行政办法,结果是推不动,上海经济区规划办公室的意见各地都不听,工作步履维艰。几年后,赵紫阳同志决定将其解散,算是无疾而终。

上海经济区规划办公室成立后,相应成立了上海经济区研究会,这属于民间社团。会长是钦本立,我是副会长之一。上海经济区规划办公室的最后一任主任是汪道涵,他上任没多久上海经济区规划办公室就解散了。事实上长江三角洲的经济联系还在不断增强,这是不以行政意志为转移的。我在1988年主持了一个课题"长江三角洲10城市产品流量抽样调查",课题内容是上述10座城市之间商品贸易的实际情况。经过调查研究,我发现从1982年至1986年,上海的经济增长速度与上海和其他9座城市的商品贸易额增速间的比率为1∶1.8。这有力地说明了长江三角洲内部存在比较紧密的经济联系,但现行体制却阻碍了这种联系的进一步发展,应通过分工协作,减少零和博弈而达到共赢的目的。1994年10月,我出版了专著《加速发展、达到共同富裕的捷径——中国地区发展战略与布局》,内容主要是研究邓小平的地区发展战略,依据邓小平"先富带动后富,达到共同富裕"的思想以及梯度理论,根据20世纪90年代的形势,提出沿海、沿江(长江)、沿路(从连云港沿陇海铁路、兰新铁路、北疆铁路至哈萨克斯坦的阿拉木图)、沿边全面开放的构想,合起来正好是一个不太规则的"四"字形。该书获得全国"五个一"工程奖,以及上海哲学社会科学著作一等奖。这就是我参加区域经济研究的情况。

其中还有一个插曲。1996年5月26日至6月4日,我参加了《解放日报》组织的"长江沿江考察"活动,主要考察沿江经济发展情况。我先坐飞机到成都,再到重庆,然后乘船沿长江顺流而下回到上海,历时10天。在活动期间,我对梯度理论有了一些新的想法,即中国是一个发展不平衡的大国,不仅国内发展不平衡,在大的地区内也存在发展不平衡的情况。我认为就西南地区而言,一级梯度地区是重庆与成都,两个城市间距离较近,汽车两个小时可达。两地产业也具有互补性,重庆曾为国民党陪都,重工业较为发达,成都则轻工业较为发达。我感到这犹如天文学上的"双子星座",合则两利,分则两伤。如果重庆、成都发展得好,对于西南地区的云贵,甚至广西,都会产生重要的辐射作用。我一路宣传自己的想法,连成都电台也播出有关内容,但是实际效果却很差。这是为什么呢?原来重庆、成都两市之间矛盾重重,积怨很深。重庆原来是抗日战争时期国民党的陪都,解放初西南大区的党政军首脑机关都设在重庆,而成都在国民党统治时代则是四川省省会。重庆的行政级别显然要高于成都。但是1954年6月"高饶事件"发生后,中央决定撤销大区,情况开始大变:重庆由中央直辖市变为省辖市,成都依然是四川省会,两市地位逆转,就此结下很深的矛盾。其他大区撤销后,原来的大区首脑机关所在地就变成省会,唯独重庆是个例外,因此重庆非常不服气,意见很大。我们先到成都,召开了一次座谈会,传媒作了报道,不料重庆就有人有意见了:既然说是长江沿江考察,为什么不先到重庆?!因此我们到重庆后,起初接待很冷淡,后来省里出面干预,说《解放日报》是重要的新闻单位,怠慢了不会有好处。这样,重庆接待方才转变态度。后来因为三峡工程开工建设,将三峡地区全部划入重庆,重庆又升格为中央直辖市,且人口3 000万,成为全国人口规模最大的城市,地位又大大超过了成都。

世界博览会和浦东新区开发开放

我在决策咨询方面的另一个主要工作是关于举办世界博览会及浦东新区开发开放。这两件事实际上是有联系的。1984年9月,我到上海社科院不久,日本长期信用银行经济考察团来华访问。他们先到了北京,受到国家副主席王震的接见,日本著名的世博会专家堺屋太一先生作为考察团成员,向王震提出中国是否可以考虑举办世博会的问题。堺屋太一提出举办世博会的时间可以定在1989年9月,以迎接中华人民共和国成立40周年。王震对此反应很积极,并表示要办的话就由上海来举办,因为上海条件好。于是,日本长期信用银行经济考察团一行就来到上海,举办世博会这件事也得到当时的上海市长汪道涵的赞同。回到日本后,日本长期信用银行就成立了"上海世博会可行性调查团"。上海方面,汪道涵委托我与日本长期信用银行就此事保持联系,我成为这件事情的"联络员"。1985年,"上海世博会可行性调查团"分别于2月、5月、7月、9月共4次来到上海,工作很起劲,这4次都是我接待的。其中有一次谈到世博会的选址问题,当时各种提法都有(闵行、江湾、嘉定等)。我与堺屋太一的意见一致,认为浦东的花木公社比较理想。我们进行了实地勘察,觉得花木距离黄浦江不远,还有一条白莲泾,地理位置确实很不错。接着开始预可行性研究,在汪道涵安排下,由上海市科委牵头成立小组,参加的单位有上海社科院、同济大学、上海市规划设计院、上海市交通工程协会,我是副组长。1985年10月即写出预可行性报告。提交上去后,一直未见下文。估计是条件不够成熟,也遭到一部分干部的冷淡对待,这件事情就此搁置起来了。

1992年8月16日,我在《文汇报》发表"盼望上海国际博览会"一文,提出在迎接中华人民共和国成立50周年之际举办世博会。之所以提出在1999年举办世博会,主要是为了与当时北京申办2000年奥运会相呼应。此外,也与香港、澳门将相继于1997年和1999年回归有关。我将这个已经冷却好几年的话题再次炒热。1993年初,我与堺屋太一联系;2月2日得到他的回信,他表示赞成我的想法。1993年2月20日,我在内刊《上海经济计划简报》上发表文章,提出:上海应举办自己的经济奥运会。"经济奥运会"的提法是王战建议的,这样好与北京奥运会相联系。但是热了一阵后,终因受当时条件局限,世博会话题再度冷了下来。世博会被再次提上日程,是在陈良宇担任上海市委书记之后了。

2000年12月初,我到日本参加"亚洲统治系统研讨会"。在会议结束后,我到东京前往经济企划厅,拜会了堺屋太一。当时堺屋太一的经济企划厅长官任期届满,与我会面时他的办公室内私人物件都已打包、整理就绪,我成了他在长官任内接待的最后一位外宾。我邀请他访问上海,一起商讨世博会,他欣然答应。2001年2月27日,汪道涵接见堺屋太一,我也参加了这次会见。汪道涵早已在1985年3月就不再担任上海市市长,而转任上海市政府顾问。会见中汪道涵谈到,如果届时健康状况允许的话,一定会来参观2010年世博会。可惜汪道涵未能等到世博会召开就去世了,"天不假年",真是一大遗憾。

举办世博会与开发浦东之间存在着内在联系。1984年9月,汪道涵主持完成一个"上海经济发展战略汇报提纲"。当时就有这样的议论,认为上海市区面积仅149平方公里,全部位于黄浦江以西,如同得了"鼓胀病"一般。一定要扩大市区,否则"螺蛳壳里做道场",发展不开。如何扩大市区呢?当时有3条意见:一是南下,在金山图谋发展,为此于光远还专门来开过研讨会;二是北上,到宝钢一带寻找机遇;三是东进,就是到浦东。这个问题提出的时间与举办世博会提出的时间差不多。汪道涵、堺屋太一和我意见一致,认为世博会选址浦东最合适。其中的重要原因是:根据日本的经验,举办世博会能带动地区经济发展。日本大阪为举办世博会而建设的新区,就非常成功。世博会选址选在浦东,是与上海扩大市区、开发浦东具有内在联系的。但是3种意见结果究竟如何,大家议论纷纷,未有定论。

转机发生于1986年。美籍华人、桥梁专家、有"预应力之父"之称的林同炎于当年来到上海,这位专家曾主张在白令海峡建造连接欧亚大陆的大桥,得到里根总统颁发的奖状。他在外滩向东眺望,不禁大发感慨:想不到在与上海的CBD地区仅隔开一条江那么点距离,竟然是一片荒地。几乎所有国家的大都市都有一条河流穿过,如伦敦、巴黎、柏林、东京等,河流两岸的经济都很发达,而在上海中心区的对岸竟然是一片荒凉。当然,造成这种格局与近代上海的租界都在浦西是有关系的。林同炎大力建议开发浦东,针对上海市缺乏资金的情况,他表示将动员美国企业家前来批租土地,进行投资。美籍华人的提议引起重视。1987年5月21日,赵紫阳在北京会见林同炎,对他关于浦东的设想表示出认可。上海受到鼓舞,就成立了"开发浦东联合咨询小组中方研究组",美方以林同炎为首。外围则组织了专业咨询会议,我在名单中列于首位。同年11月22日,我与马洪、童大林、吴明瑜一起在美国参加"科研与社会变化"研讨会,会议期间拜访了林同炎。大家主要讨论了两个问题:一是美国商人前来批租土地,是否需要政府进行担保。如果政府做担保的话,风险就降低了。二是浦东的开放度究竟应该如何。如果开放度小的话,外商怎么来投资呢?我将讨论的情况写成一个报告呈递汪道涵,他当时受委托担任浦东开发研究组组长。1988年3月22日至30日,日本长期信用银行邀请汪道涵率团访日,我也是成员之一。代表团的主要任务是向东京、大阪两市介绍上海浦东开发及申办世博会的情况,向两市的企业家、社会各界进行宣传介绍,我在宣讲会上负责介绍世博会。高潮出现在1988年5月3日至4日,在上海召开了"浦东新区国际研讨会",盛况空前。但是此后情况急转直下,关于浦东开发的讨论再度陷入低潮,原因是对未来浦东的定位问题发生重大分歧。

围绕未来浦东的定位,主要有两种意见:究竟产业定位是"三二一",还是"二三一"。汪道涵等主张"三二一",首先发展服务业;另外一些人主张"二三一",优先发展工业。他们主张将浦西较落后的传统工业迁到浦东,腾出空地后进行再开发,工业重心仍在浦西,保持上海作为工业基地的地位,浦东要为浦西服务。汪道涵等人认为,上海不能只发展工业,而且从历史上看,上海也不是只发展过工业,而是有较发达的服务业,特别是金融业,应该恢复上海作为国际大都市的地位与功能。一派是真正希望通过浦东开发,恢复上海作为国际大都市的地位;另一派则是希望通过开发浦东,让浦西的第二产业更有条件发展起来。"浦东新区国际研讨会"结束之后,因要向中央汇报,两派的尖锐矛盾开始暴露出来。我坚决支持汪道涵这一派的主张,为此写过意见,还被市里转发过。但是"二三一"这一派明显占了上风,于是在1989年春节过后,宣布以汪道涵为组长的浦东开发研究组解散。至此,浦东开发似乎陷入山穷水尽的境地。汪道涵将主要精力投入世博会,他说:"不管在浦东开发的指导思想上分歧有多大,在上海浦东地区举办新中国成立以来第一个世博会,无论从什么角度讲都是非常重要的,也是无可非议的。我们把这个工作做好了,浦东开发形势就会大不一样。"汪道涵是想通过世博会来带动浦东的开发、开放,结果世博会的报告提交上去后也未被采纳。

山穷水尽之际,又一个转机降临了。1989年"六四"风波以后,西方发达国家对我国实行制裁,改革开放遇到挫折,经济形势比较严峻。在这种情况下，邓小平于 1989 年 6 月 16 日同中央几位负责同志谈话，他说："现在国际上担心我们会收，我们就要做几件事情，表明我们改革开放的政策不变，而且要进一步的改革开放。"①那么，做几件什么事情呢？小事显然不能解决问题。上海是中国最大的城市，上海的进一步改革开放显然是件大事，于是，邓小平决策进行浦东开发。中央要求上海马上打报告，上海将原先浦东开发研究组起草的报告稍作修改提交上去，形势峰回路转，急转直下。上海送上报告，李鹏、姚依林等先后亲自前来上海，表示对浦东开发的支持和肯定，许多问题迎刃而解。

为什么早在 1985 年 2 月国务院在批转上海市政府《关于上海经济发展战略汇报提纲》的通知中，已明确指出上海在新的历史条件下应"成为全国四个现代化建设的开路先锋"，而在整个 80 年代，上海却处于"后卫"的位置而不做开路先锋呢？我在《加速发展、达到共同富裕的捷径——中国地区发展战略与布局》一书中，对这个经过做了简要的回顾，现扼要转录如下：

20 世纪 80 年代中国改革开放起步，怎样来选择地区发展的重点呢？

一是沿海地区。沿海地区与国际的联系较多，受国际市场经济的感应较快，建国前受到较多的商品经济的熏陶，具有较好的推行市场化的基础，因而适宜作为供选择的重点地区。

二是对全国经济大局影响不太大的地区。改革开放是一项全新的举措，缺乏经验，又无现成的先例可循，因而是有风险的。……因此，就要选择对全国经济大局影响不太大的地区开始改革开放的试验。……这对于回避重大风险有好处。

三是计划经济控制较薄弱的地区。改革开放在这样的地区较易突破，……这是先易后难，先突破薄弱环节再攻坚的正确的战略选择。

根据以上 3 点，80 年代的改革开放首先从南部沿海起步，以深圳、

---

① 邓小平："第三代领导集体的当务之急"，《邓小平文选（第三卷）》，人民出版社 1993 年版，第 313 页。

珠海、汕头和厦门4个经济特区作为重点就顺理成章了。

反观上海,除了同样属于沿海地区之外,在其他两点上就很不相同。

上海是中国最大的中心城市,在全国经济发展中具有举足轻重的地位。

(1) 上海历来是中央财政的一个重要来源。从1950年到1980年,上海全市财政总收入达2 971亿元,占全国财政总收入的18.1%。其中,地方财政总收入为2 329亿元,占全国地方财政总收入的18.6%。同期,上海地方财政总支出为334.3亿元,占地方财政总收入的14.3%,净上缴中央的地方财政收入达2 000亿元,占上海地方财政总收入的85.7%。"改革开放是很大的试验"。它是有成本的,需要付出相当的代价。……如果一开始就让上海作改革开放的开路先锋,那么,一旦有失,后果堪忧,这样巨大的风险是当时难以承受的。

(2) 上海担负着以工业消费品供应全国的重任。保证人们生活的基本消费品的供应是中国改革开放得以顺利进行的重要条件之一。在80年代初,全国的工业消费品的供应,在很大程度上依赖于上海。当时城乡居民日用消费品的供应尚不充裕,大量轻纺产品,如衣料、自行车、缝纫机、手表、烟、糖等商品均凭票供应。而上海正是中国轻纺产品生产的重要基地。……如果在80年代就让上海率先进行改革开放试验,那就有可能稳不住上海这个庞大的工业消费品供应基地,从而影响对全国的供应,这是当时所力求避免出现的一种情况。

(3) 上海又是中国国有企业最集中的城市之一。在1978年,中国国有工业创造产值3 289亿元,占全国工业总产值的77.6%,而上海国有工业创造产值502.4亿元,占上海工业总产值的91.2%,占全国国有工业总产值的15.3%。在各类企业中,国有企业受计划经济的控制最严密,因此它的运行机制向市场经济的过渡也最困难。上海长期以来是实行计划经济的典范,相应的组织机构最完备,效率也最高。……以上情况说明,中国的改革开放如果首先在上海进行试验,那就是舍易就难,不容易在短期内取得成效。……如果中国的改革开放在上海率先起步,那就如同打仗时在兵力不足、没有扫清外围的情况下去直接攻坚一样,并不是最为有效和稳妥的办法。

凡此种种,可以说明上海在整个80年代仍未摆脱改革开放中"后卫"地位的缘由。然而,这种地位使上海陷入困境。

第一,经济地位下降。80年代上海在全国经济地位的下降有多方面的表现,包括发展速度、质量和效益等。

一是经济增长速度偏低。从1980年到1989年,全国国民生产总值从4 470亿元增长到15 788亿元(均按当年价格计算,下同),计增加2.53倍,而上海国民生产总值从311.9亿元增长到696.6亿元,仅增加1.23倍。……自1980年至1989年,上海国民生产总值占全国国民生产总值的比重从7.66%下降到4.41%,降低了3.25个百分点。同期,广东省国民生产总值从245.7亿元增长到1 311.6亿元,计增加4.34倍;江苏省国民生产总值从321.8亿元增长到1 228.5亿元,计增加2.82倍;浙江省国民生产总值从178.4亿元增加到789.7亿元,计增加3.43倍。对于上海来说,这就出现了"南方崛起,两翼隆升"的格局,而上海则成为80年代沿海经济发展的一个"凹陷"。

二是产业结构调整缓慢。根据《上海经济发展战略汇报提纲》的要求,到1990年第三产业在全市国民生产总值中所占的比重应提高到40%,而1990年第三产业实际达到的比重仅为29%。同年,广州第三产业在全市国民生产总值中的比重已达到51%,深圳为50.3%,福州为37.8%,都远远超过了上海。

三是经济向外向型转变不快。……从1980年到1989年,全国商品出口额从181.2亿美元增长到525.4亿美元,年均递增率达12.6%;而上海只从42.66亿美元增长到50.32亿美元,年均递增率仅1.86%。与广东省相比,80年代初,广东省的出口额为20亿美元左右,只有上海的一半;而到80年代末,广东省的出口额已超过100亿美元,上海只及广东省的一半。80年代全国协议引进外资899.2亿美元,其中上海为

55.7亿美元,仅占全国协议引进外资总额的6.2%,而广东省已达208.9亿美元,占全国协议引进外资总额的23.2%。全国实际利用外资577.9亿美元,其中上海为36.93亿美元,仅占全国实际利用外资的6.4%,而广东省已达103.3亿美元,占全国实际利用外资的17.9%。

四是经济效益严重下滑。从工业资金利税率来看,1980年上海国有工业100元资金创造的利税达80.41元,比全国平均资金利税率高出2.24倍;到80年代末,上海国有工业资金利税率已下降到20%左右,只比全国平均资金利税率高出4个百分点。其中固然包括国家计划调拨的平价原材料减少这个因素,但也反映了上海工业的实际经济效益的下滑。……在80年代的10年中,上海地方财政收入年均下降0.53%,这还不包括物价上涨的因素。

第二,社会环境改进不大。

一是居住条件改善不佳。

二是交通拥挤更趋严重。

三是"三废"污染未见好转。

第三,人才资源流失。

人才出的多、进的少,长期保持一种人才赤字的局面。

现在回头来看,在80年代把上海放在改革开放的"后卫"位置,尽管有上述种种比较充足的理由,但终究有不够全面之处,也就是看不利的方面多了,看有利的方面少了;对减少风险考虑多了,对发挥优势考虑少了。

所以说当时的这种做法还是片面的。邓小平对这个问题做了精辟的分析,他在1991年1月至2月视察上海时谈到:"我们说上海开发晚了,要努力赶啊!那一年确定4个经济特区,主要是从地理条件考虑的,深圳毗邻香港,珠海靠近澳门,汕头是因为东南亚国家潮州人多,厦门是因为闽南人在外国经商的很多。但是没有考虑到上海在人才方面的优势,上海人聪明、素质好,如果当时就确定在上海也设立经济特区,现在就不是这个样子。……浦东如果像深圳经济特区那样早几年开发就好了。开发浦东,这个影响就大了,不只是浦东的问题,是关系上海发展的问题,是利用上海这个基地发展长江三角洲和长江流域的问题。要抓紧浦东开发不要动摇,一直到建成。"邓小平承认浦东开发晚了10年,是"一个大失误","要不然,现在长江三角洲、整个长江流域,乃至全国改革开放的局面,都会不一样"。他要求"把浦东搞好一点,起点高一点,现代化一点"。浦东新区的开发开放,标志着上海在中国发展经济的这场竞赛中从"后卫"走上了"前锋"。

七、研究邓小平理论，参与中国特色社会主义理论体系的探索

（1992年9月—　）

邓小平理论研究

1992年9月24日至26日，中国管理科学院上海分院在上海召开全国性的"邓小平管理思想研讨会"，我在会上做了"邓小平的管理思想与领导艺术"的主题报告。这个报告是我和李君如合作完成的，后在《解放日报》发表，并获得了"五个一"工程论文奖。1993年6月15日至18日，中共中央宣传部在上海召开了全国性的邓小平理论研讨会。会议由上海社科院筹办，会议结束后成立了全国"五大中心"，分别位于中央党校、中国社科院、国防大学、教育部、上海社科院。至于中心的名称，由于邓小平本人不同意用"邓小平理论"这个概念，因此用了一个很长的全称"邓小平同志关于建设有中国特色的社会主义的理论"，足足22个字。在"五大中心"中，其他4家都用了上面的提法或略加简称，唯独上海社科院使用了"邓小平理论研究中心"的名称。因为社科院哲学所在此之前已经成立了"邓小平理论研究中心"。在全国邓小平理论研讨会召开之后，我们感觉所属中心的级别太低了，就将其升格为上海社科院院属中心，领导同意不必改称，也算是对既成事实的承认。于是，上海社科院邓小平理论研究中心就成了全国独此一家。

邓小平理论研究中心的主任原来由哲学所的李君如担任,后李君如调往中宣部理论局工作,因此邓小平理论研究中心主任变为"双主任":一个是我,另一个仍是李君如。自 1995 年起,我不再担任社科院副院长,专职任邓小平理论研究中心主任。1998 年我离休后,改任中心顾问。1997 年 2 月 17 日,邓小平逝世。同年党的十五大召开,报告中明确提出要"高举邓小平理论伟大旗帜"。此后,"邓小平理论"的提法才得到普遍使用。我在这一时期的主要著作包括下面的 5 本:1997 年的《发展高科技,实现产业化》(合著)、1998 年的《旗帜问题至关重要》、2000 年的《发展在中国的理论与实践》(主编)、2008 年的《在构建和谐社会中国家的角色和作用》(合著)、2011 年的《中国发展道路的理论支撑》(合著)。邓小平理论是我晚年的主要研究内容。

我研究邓小平理论有一个特点,就是较多地把邓小平的理论贡献同他的领导风格和领导艺术联系起来。在我应邀对干部作领导科学的培训讲演时,总是把邓小平的管理思想和领导艺术作为最后一讲。在此,我把自己分工撰写的《邓小平的管理思想与领导艺术》一文的第四节"邓小平的领导风格与领导艺术"转录如下:

1. 无畏的胆略

说到领导艺术,自然离不开灵敏的反应、熟练的技巧等,但又不能仅仅归结为这些。其中还包含着更深层次的带有基础性的东西,那就是革命的胆略。如果缺少它,那就没有了主心骨;尽管有再高明的领导艺术,到了涉及个人利害的节骨眼上,就会发挥不出来。而邓小平的领导艺术则不仅在日常的领导活动中显露出来,而且越是到革命的紧要关头和重大转折时刻,它就发挥得越充分,越放射出耀眼的光芒。其原因就在于邓小平具有无畏的革命胆略。这种胆略来自共产主义的坚定信念,来自对马克思主义的充分信仰。"这种信仰是一种动力。"[①]有了

---

① 邓小平:《建设有中国特色的社会主义》(增订本),人民出版社 1987 年版,第 52 页。

这种信仰,就能把个人的利害得失放在从属于革命利益的地位,以极大的勇气和魄力投入战斗,在战斗中充分施展自己的才能。这就是无私才能无畏的道理。

1975年,邓小平受命于危难之际,他不顾刚刚出来工作、困难重重的处境,顶着"四人帮"的干扰破坏,不顾个人的荣辱安危,明确坚定、大刀阔斧地在全国工业、农业、商业、财贸、文教、科技、军队等各个方面,特别是对这些方面党的领导班子,开展全面的整顿,迅速收到显著的效果。他强调:"没有一股劲不行。要敢字当头,横下一条心。"[1]"要敢于负责,不要怕。"[2]"共产党员为什么怕?"[3]要下决心摸老虎屁股。这种义无反顾的革命气概是何等可贵啊!

1977年4月11日,在邓小平正式恢复工作以前,他就在写给党中央的信中针对"两个凡是"的观点,指出必须准确、完整地掌握毛泽东思想体系。5月24日,他又在同中央两位同志的谈话中指出,"两个凡是"不符合马克思主义。在党的十一届三中全会上,他集中批判了"林彪和'四人帮'大搞禁区、禁令,制造迷信,把人们的思想封闭在他们假马克思的禁锢圈内,不准越雷池一步。"[4],反对随风倒的现象,大力提倡"独立思考,敢想、敢说、敢做"。[5] 1992年初,邓小平在南方讲话中又反复强调:"改革开放胆子要大一些,敢于试验,不能像小脚女人一样。""没有一点'冒'的精神,没有一股气呀、劲呀,就走不出一条好路,走不出一条新路,就干不出新的事业。"这些都显现出邓小平无畏的革命胆略。

2. 创新的精神

科学需要创新,艺术也需要创新。现代社会日益加速发展,创新更

---

[1] 邓小平:《邓小平文选(第二卷)》,人民出版社2002年版,第32页。
[2] 同上书,第19页。
[3] 同上书,第19页。
[4] 同上书,第131页。
[5] 同上书,第132页。

是现代领导者必不可少、弥足珍贵的品质。邓小平一贯强调解放思想，勇于思考，勇于探索，勇于创新，反对思想僵化，反对死守条条框框，一切照抄照搬照转。邓小平在自己的领导活动中，更是处处体现出创新的精神，在现代化建设的理论和实践中取得一个又一个重大的突破。例如，1978年在全国科学大会开幕式上他提出"科学技术是生产力"；80年代初以来，多次作出关于建立经济特区和增加开放城市的决策；1984年提出以一国两制的方式实现祖国的和平统一；1992年初在南方谈话中指出，"计划和市场都是经济手段"，"计划多一点还是市场多一点，不是社会主义与资本主义的本质区别"，进一步打破了人们对计划经济的迷信，等等。特别值得一提的是，人们在步入老年以后，由于精力衰退、参加实践活动减少、信息来源趋弱，以及对过去传统的依恋等，往往创新意识有所消减，逐渐跟不上时代的步伐，甚至趋向保守，这在中国近代史上的风云人物（如康有为、严复、章太炎等）中屡见不鲜。邓小平以88岁的高龄，仍能保持旺盛的创新精神，屹立在时代的前列，不是回头看，而是向前看，这是十分难得的。

3. 务实的作风

务实是邓小平领导风格的一大特点。同是伟大的马克思主义政治家，邓小平与毛泽东有着完全不同的风格。毛泽东兼有诗人与哲学家的气质，他的讲话和文章，富于激情，善于从哲学的高度提出问题、分析问题，运笔如行云流水，才气横溢，文采风流。与之相比，邓小平的文风更为朴实，用语精炼，要言不烦。考虑到有中国特色的社会主义的系统理论和具体模式尚在探索过程中，真正成熟和定型还需要几十年的时间。如果现在就规定得过死、过细，那就不仅不切实际，而且会束缚住人们试和闯的手脚。倒不如在确定前进的方向、目标和基本路线的前提下，鼓励人们去大胆地试、大胆地闯，在实践中积累经验，加以总结，逐步使之规范化和制度化，以至上升为系统的理论。正因为如此，邓小平务实的作风和朴实的文风恰恰适合于现时代的要求，邓小平说的"不管白猫黑猫，能捉住老鼠的就是好猫"，"摸着石子过河"，都是鼓励人们为实现既定的目标,敢于去创造新的形式与方法,走出新的路子。

邓小平在南方谈话中指出:"不搞争论,是我的一个发明。"这绝不意味着可以忽视理论,不再需要在理论研究中贯彻"双百"方针。邓小平反对的是那种不从实际出发,而只从本本出发的空洞、抽象、教条式的争论,尤其是反对一事当前,不顾实践中的效果如何,先验地争一番姓"资"、姓"社"的问题,"把时间都争掉了,什么也干不成。""不争论,是为了争取时间干。"这与在总结实践经验的基础上不断进行理论上的自由探索和争鸣,并不是一回事儿。

4. 敏锐的洞察力

政治家与理论家的职能不同,有些理论问题一时解决不了,理论家尽可存疑,留待以后长期探讨,而政治家面对的却大多数是需要在较短时间内付诸实践的问题,在紧急关头即使情况还不十分清楚、问题还不完全明朗,也要作出相应的决断。特别是中国目前还处在社会主义初级阶段,许多事情的界限还不清晰,即使已掌握了一些界限,也大多数是定性的,难以精确地定量,存在一定的模糊性。在这种情况下,为了作出正确的决断,政治家的敏锐洞察力就显得十分重要。邓小平正是具备这种突出的能力。

在贯彻党在社会主义初级阶段的基本路线、建设有中国特色的社会主义的过程中,必然会出现来自"左"和"右"两方面的干扰。什么是"左",什么是"右",是有界限的。但是,在不同时期它们有不同的表现,它们相互对立,又相互依存,形成错综复杂的情况,往往难以作出正确的判断和采取相应的措施。邓小平凭借其敏锐的洞察力,能够及时地发现当前存在的主要错误倾向,并根据错误倾向发展的程度,提出恰当的反倾向的措施。

这种敏锐的洞察力,与作为一种认识能力的直觉有关。直觉并不是神秘的不可捉摸的东西,它是以知识和经验的积累为依据的。在长期的领导活动包括指挥革命战争的活动中,邓小平积累了极其丰富的政治经验,锻炼了总揽全局情况的本领,从而能在转折和关键时刻,显示出迅速作出正确决断的包括直觉在内的敏锐的洞察力。

5."柔中寓刚,绵里藏针"的性格特征

邓小平不是锋芒毕露、雄辩滔滔的人。遇有不同的意见,在时机尚未成熟前,一般不轻易表态,而是留有余地,让实践去继续检验,并使问题的症结更趋于明朗。但这决不意味着自由放任或优柔寡断,一旦形势需要作出明确的抉择和采取断然的措施时,他是不会手软的。在1975年邓小平复出前夕,毛泽东曾对他作出"柔中寓刚,绵里藏针"的评语,这是长期共事所得出的判断,应该说是很精辟的,把邓小平领导活动中的一个重要性格特征生动而鲜明地勾勒出来。

从这里也可以看出我研究领导科学对研究邓小平理论的助益,两者是有相通之处的。这也使我体会到多学科、跨学科研究的一些好处。

中国特色社会主义理论体系的探索

邓小平逝世后,历经三代党的领导核心,他们都提出了各自的理论主张:江泽民的"三个代表",胡锦涛的"科学发展观",习近平的"中国梦"。这些理论主张都对马克思主义中国化有所推动和发展。我认为可以用"中国特色社会主义理论"将其概括起来,这样比较适宜。中国特色社会主义理论,这是一个关乎体系的大问题。近现代化是18世纪工业革命以来席卷全球的历史潮流。在当代,超过全球总人口10%的人们居住在发达国家,这些国家已进入现代社会,是其他国家追赶的标的,这一潮流将全球大多数国家都卷入其中,分别处于现代化的不同发展阶段。中国的现代化属于后发现代化,中国特色社会主义是中国处于当代的历史条件下,根据自身的特殊国情所提出的一条不同于先发现代化国家的现代化的特色之路。

现代化历史潮流的形成与发展同资本跨国界流动的不断增强是分不开的。20世纪中叶前,西欧一些先发展国家先后凭武力向海外扩张,延续几个世纪在全球范围内开展瓜分殖民地和附属国的斗争。在此期间,这些国

七、研究邓小平理论，参与中国特色社会主义理论体系的探索

家凭借先进的生产力和宗主国的特权，将本国的资本不断流向自己势力范围所及的地区。由于资本主义国家发展的不平衡，在20世纪初全球殖民地和附属国被瓜分殆尽的情况下，终于在发达资本主义国家不同集团之间爆发了世界规模的战争。在第二次世界大战之后，殖民体系开始瓦解，发达国家间的贸易联系日益密切，资本在发达国家之间的流动也不断增强，加之金融在经济中的地位日益重要，成为现代经济的核心。而信息化的发展，更使金融业的发展得到"互联网＋"的有力支持。这就形成资本向全球加速扩展的不可遏制的趋势。在生产诸要素中，唯独资本最有整合能力，且流动性最强，其他要素诸如劳动、技术、原材料、机器等无法与之相比拟。全世界每天资本的流通量已经超过每天新增的GDP产值两个数量级。

发展中国家应该怎样对待这个资本向全球加速扩展的趋势呢？是采取积极的态度，有分析地参与进去呢？还是去阻碍资本的全球扩张呢？20世纪下半叶以来的历史进程已经对此作出回答。

在第二次世界大战后，出现了一批社会主义国家，这些国家大多采取以前苏联为代表的高度集权和实行计划经济的模式。在这种社会主义模式下，资本在国内是遭到否定的，国外资本在冷战条件下也难以进入或自身拒绝进入。这就背离了资本向全球扩展的历史趋势。由此，这些社会主义国家尽管在一定时期内可以取得经济发展的客观成就，但终究会因效率低下而出现停滞和遭到严重挫折。

20世纪70年代末，中国在结束"文化大革命"后实行改革开放。在国内，逐步推行市场经济，为资本提供广阔的用武之地；在国际上，向外资打开大门。正值此时，发达国家的跨国企业鉴于国内劳动力价格的提高而迫切需要进行产业转移，需要把劳动密集型产业或产业链中的劳动密集环节转移到发展中国家去。中国显然获得先机，在吸收跨国公司的投资、承接转移方面，获得了重大的利益，促进经济长达30年的进步。当然，中国也在劳动者权益、环境生态、可持续发展等方面付出相当大的代价。这些代价有些是不可避免的，有些则是源于自己的工作失误，需要大力纠正。不过无论怎样，中国对资本的全球扩展趋势从阻碍到积极有分析地参与的主动转变，被

历史证明是正确的。

相比之下,前苏联未能主动适应资本向全球加速扩展的历史趋势。它虽然迫于形势,也在进行以市场为取向的改革,但未能实现观念的根本转变,未能彻底摆脱阻碍资本发展的计划经济传统模式,加之强大的既得利益集团的重重阻力,错过了改革的有利时机,导致经济增长逐年下降,社会商品短缺日趋恶化,人民群众普遍对现政权丧失信心,使得由计划经济向市场经济、由否定资本向发展资本转变,不得不伴随着社会动乱、政权变易、政治制度更替、国民生产总值下降过半的10年阵痛,付出了沉重的代价。

马克思早就对资本的历史作用作过精辟的分析:它既有文明作用,又有野蛮作用。文明作用主要是指它大大加快了生产力的发展,并相应地培养"具有高度文明的人";野蛮作用主要是指它只顾增加剩余价值的剥削而不惜损害劳动力主体的利益,使"人本身片面化",并导致社会贫富差别的扩大化。历史证明马克思的分析是正确的,我们应该坚持资本具有两重性的观点。

而对于当时资本所处的历史阶段,马克思的判断则是错误的。他将还处于资本主义发展初期的新兴的资本看作行将灭亡的衰老的资本,从而对于1848年的革命形势作出过分乐观的估计。尽管以后他认识到"当时欧洲大陆经济发展的状况还远没有成熟到可以铲除资本主义生产的程度",资本主义经济"在1848年还具有很大的扩展能力",提出了两个"绝不会"的著名论断,即"无论哪一个社会形态,在它所能容纳的全部生产力发挥出来以前,是决不会灭亡的;而新的更高的生产关系,在它的物质存在条件在旧社会的胎胞里成熟以前,是决不会出现的",但马克思、恩格斯对于资本主义的长期性,以及可容纳的发展生产的量,还是缺乏足够的认识。这是受历史条件的局限,不可以苛求于前人的。

正因为存在这样的判断错误,有些问题就值得研究。究竟什么是社会主义?社会主义的本来意义是以社会公平为核心的,这一点得到了普遍认可。因此,判断一个社会的性质是否属于社会主义,并不是看它是否存在资本,而是看它的长期发展趋势是否有助于增强社会的公平正义。如果经济增长率高于资本收益率成为长期趋势,这个社会就可被认为是社会主义社会。这是从法国经济学家托马斯·皮蒂的著作《21世纪资本论》中引申出来的观点,有其合理性。从近现代资本主义国家的发展史来看,还没有一个国家做到这一点。但是从19世纪80年代起,以德国、英国为代表,西方资本主义国家陆续推出对劳工实行社会保障的政策,这是缓和阶级矛盾的举措。在第二次世界大战以后,世界形势发生变化,英国等欧洲国家提出建设福利国家的口号,社会保障越来越完善。这当然与资本的文明化趋势有关,因为追求相对剩余价值,就必须提高劳动力的技术含量,这就要求改善劳动者的条件。更为重要的则是受到社会主义运动及思潮的冲击、影响。欧洲社会主义运动的高涨,以及一批社会主义国家的诞生,对资本主义造成巨大的外在压力。这正是当代社会主义的意义所在。社会主义虽未能在世界范围内取得胜利,却促使社会主义因素在资本主义社会内部增长。苏东剧变是以消灭资本、实行高度集权与计划经济为特征、不科学的苏联模式的终结,但绝不是社会主义的终结。在对社会主义思想的发展进程进行认真反思,并对当代社会主义的内涵作出正确定位之后,世界社会主义思想和运动必将逐渐走出低潮、得到复苏。

社会主义是一个长期发展的过程。资本也是历史的产物,有其产生、发展和消亡的过程。当物质生产的发展达到这样的丰富程度和高度,使社会必要劳动时间缩小到很小的量,以致在"盗窃他人的劳动时间"作为自身财富的基础已经变得毫无意义时,资本就会自行消亡。那时,作为共产主义社会第一阶段的社会主义社会就会到来,但是这需要经历漫长的时间。正因为如此,邓小平把社会主义本质作为一个过程加以动态性的表述:"社会主义本质是解放生产力,发展生产力,消灭剥削,消除两极分化,最终达到共同富裕。"[①]

中国特色社会主义的理论和实践是在马克思主义指导下开展起来的。

[①] 邓小平:"在武昌、深圳、珠海、上海等地的谈话要点",《邓小平文选(第三卷)》,人民出版社1993年版,第373页。

我们往往只是一再宣传它与马克思主义一脉相承，却不具体阐明这个"脉"究竟在哪里。我认为这个"脉"首先是马克思主义的唯物史观，特别是把实践理念引入唯物主义，把实践看成是检验真理的唯一标准。既然肯定实践对认识真理的重大作用，那么，就要研究马克思、恩格斯时代至今120余年以来世界的发展变化，从而对马克思主义原理在不违背其基本含义的条件下，作出新的诠释，并补充新的原理。一句话，就是要使马克思主义当代化。

中国特色社会主义的理论和实践又是在中国这个具有悠久历史文化传统和特殊国情的国家中开展起来的。因此，指导中国特色社会主义现实的马克思主义就必须与中国的实际情况紧密地联系起来，也就是说，要使马克思主义中国化。

由此可以得出结论，指导中国特色社会主义理论和实践的马克思主义，不是被当作一成不变的教条的马克思主义，而应该是当代化和中国化的马克思主义。

我们要具有面向世界的宽广胸怀，选择现代化历史进程的特定视角，抱着深爱祖国的情怀，以对它的历史和现实的深刻理解为基点，从学理上回答邓小平提出的"什么是当代社会主义、在中国怎样建设这样的社会主义"的问题，形成和完善依据其内在逻辑联系展开的中国特色社会主义的理论体系。只有这样，才能真正增强理论自信，从而为增强道路自信、制度自信和文化自信打下扎实的理论根基。由此才能使中国能够经过长期的、渐进而又坚定的努力，实现中华民族伟大复兴的中国梦。我们应对苏联剧变的灾难性后果引以为戒。俄罗斯地广人稀，自然资源得天独厚，原有经济基础以及公民受教育程度较高，对其经济恢复的条件较为有利。即使如此，社会的动乱、政权的变易、政治制度的更替，也使它付出生产总值下降过半的十年阵痛的沉重代价。而中国人口超多，密度大，原有经济基础与公民受教育程度较差，自然资源又相对贫乏，如果发生类似苏联剧变那样的社会大动荡，中华民族元气的损伤更将难以恢复。何况中国与世界紧密相连，具有举足轻重的影响。如果中国发生巨大的社会动乱，正如中东、北非的动乱导致欧洲出现难民潮那样，其后果必然会波及世界。

七、研究邓小平理论,参与中国特色社会主义理论体系的探索

有鉴于此,我在研究中国特色社会主义理论时,着重研究马克思主义的基本原理在当代中国条件下如何具体应用及其创造性的发展。我在担任邓小平理论研究中心主任和顾问期间,曾通过与他人合著《在构建和谐社会中国家的角色和作用》《中国发展道路的理论支撑》《发展在中国的理论和实践》,以及单独撰写论文,对发展、阶级、阶级斗争、专政、国家等基本原理在当代中国的具体应用及其发展作出自己的阐释,并写出"中国特色社会主义理论体系研究提纲"一文,发表于内部刊物《上海思想界》2015年第30期。由于我已年届九十,体弱多病,来日无多,又限于一己的知识和能力,没有可能担当起构建中国特色社会主义理论体系这一艰巨的理论基础建设任务。只是期待引起同道者关注,大家能够群策群力,经过长期研究和探讨来完成这一任务。我热切地期盼有分析的批评指正。

八、难忘长期兼职主编的两本杂志

《世界科学》(1978—2005年)

在我主编的杂志中,有两份比较重要。

一份是《世界科学》,创办于1978年,创办时间与中共十一届三中全会召开的时间相近。当时全社会重视科学技术,这份杂志就是在这样的背景下问世的。我一直是《世界科学》的主编之一。在我一生之中,工作变动很多次,在上海社会科学院的时间算比较长的,从1984年进院到1998年离休,共有14年。不过我在职时间最长的还是担任《世界科学》主编,从1978年创刊直至2005年,历时27年。我是义务做主编工作,不拿任何津贴,完全是出于兴趣。这份杂志定位于面向基础研究,主要通过翻译介绍世界基础科学研究前沿,同时也介绍我国国内重要的基础科学研究成果。所以,《世界科学》是一份以翻译为主的高级科普杂志。在改革开放初期,人们对于科学技术的作用评价很高,一般生活性的通俗科普杂志很受欢迎,其发行量动辄几十万份,而《世界科学》的发行量只在短时间过万,长时间只有几千份。但杂志社的同仁们并没有动摇,始终埋头工作,清苦自守。有相当长一段时间,除了杂志社少数工作人员的工资以外,没有其他补贴,经费必须自给自足,但《世界科学》还是坚持办下来了。直到现在,它的办刊方针依然维持未变,不赶时髦。这样的杂志不仅对一般爱好科学的读者有所帮助,即使对于科学界人士,也使他们能够了解他们所从事的研究专业以外其他相关专业的发展情况。

我一向重视基础研究,认为它的地位非常重要。一个国家缺乏高水平的基础研究,就不可能有效地赶上科学技术发达的先进国家。中国因为经济落后,百废待兴,不可能在基础科学研究方面投入太多,但是还应该保有其应有的一席之地。搞科学研究,不能太急功近利,要从中国科技发展的长远着想。此外,我还坚持认为基础研究不能只依靠政府计划指令来开展,这方面的情况千变万化,未知的因素很多,只能主要凭学者个人的兴趣爱好进行,当然也需要得到政府的支持。《世界科学》不随波逐流。有一段时间,社会上有不少人推崇所谓的特异功能,"耳朵识字"之类风靡一时,连钱学森等对此也很起劲。在上海学界,邓伟志是公开反对的。我因为和某些相信和热衷于宣传特异功能的人比较熟悉,不想公开出来反对。但是我坚持一条:《世界科学》只刊登科学知识,特异功能不属于科学范围,没有经过实证,因此一律不刊登。非但国内的特异功能,国外的类似消息也一律不刊登。

在担任《世界科学》主编的很长一段时间内,每期文章我都要审稿。有时感到一些译文比较别扭,便找原稿来核对,往往会发现一些翻译上的错误。后期因工作实在繁忙,我就不再一一看稿。2005 年,我不再担任主编,受聘担任名誉主编,不再继续管事。在《世界科学》长期任职,对我的治学很有帮助,它使我能了解世界科学的走向和最前沿的动态。同时,杂志社还定期召开一些热心阅读本刊的科学界人士参加座谈会,使我与自然科学界人士建立保持一定的联系,由此得到教益。这对优化我的知识结构,起到很好的作用。

《上海理论》内刊(1988—1997 年)

我主编的另一份刊物是内部刊物《上海理论》。1987 年,《上海理论》

由中共上海市委宣传部试刊。在出了几期后,产生一些问题。例如,有的文章认为赫鲁晓夫也有其合理的方面,这在当时是大大出格的。1988年2月,时任上海市委书记江泽民认为《上海理论》由宣传部来办并不妥当,还是由学术单位来办比较好。到1988年4月,经上海市委主要领导相继同意,决定由上海社科院来接办《上海理论》。《上海理论》为季刊,每期印数2 000份,全部是赠刊,不接受订阅。赠阅的对象包括中央政治局委员、政府主要领导人、各省直辖市自治区主要党政负责人,以及某些著名的学术界人士。我是编委会主任,为了慎重起见,采取编委会集体审稿制,对每一篇稿件都集体讨论,决定发表与否。同时,为了避免误会,每期都刊登下面的办刊宗旨:"作为一份理论刊物,本刊宗旨是以马克思主义为指导,贯彻双百方针,开阔思路,繁荣学术研究,促进理论与实际,以利于中国改革和建设中深层次问题的解决。本刊鼓励理论探索,欢迎具有不同学术观点而又言之有理、持之有效的文章在本刊发表,以充分说理的态度来开展同志式的讨论和争鸣。本刊声明,所登载的观点不代表编辑部。本刊严格区别于一般舆论宣传工具,既不公开发行,也不征求订户,仅以党政部门领导同志和理论界有造诣的人士为对象,少量发行,供他们参考。本刊所发表的文章,非经本编辑部同意,无论内外刊物,均不得转载或摘引。"

一方面手持"尚方宝剑",另一方面我们又建起"重重防线",终于使《上海理论》办到了1997年。我们向读者发过一份"意见征询表",收回37份。在回答"本刊所发文章是否对解决中国改革和建设中的深层次问题有参考价值"时,回答"价值大"的有23份,占调查对象的62.2%;回答"较大"的有14份,占37.8%;回答"一般"或"很少参考价值"的则没有。关于文章质量,回答"高"的有13份,占35.1%;回答"较高"的有24份,占64.9%;无人回答"一般"或"较差"。关于"刊物是否有出版需要",回答"很需要"的有34份,占91.9%;回答"需要"的有3份,占8.1%;无人回答"不需要"。至于对刊物的意见和建议,不少读者认为"《上海理论》是目前相当好的杂志之一"、"不可多得的好刊物"、"我所见到的最好刊物之一"、"我国为数不多的高水平内刊"等。一些读者认为"该刊编者的学术品味、理论素养较高,该刊所发表的文章,绝大部分学术价值、理论意义颇高,不少远在国家一级期刊之上"。对于如何进一步办好刊物,读者一致认为要继续办好,有的读者表示"千万不要停刊","这样的刊物太需要了,它比公开发行的刊物价值不知要高出多少倍"。还有的读者提出:"上海这样大的城市,很有必要保留这样一份内部刊物,其作用是公开刊物不可能代替的。"也有读者认为:"要进一步加强文章的尖锐与创新性,要放手一点,使之发挥更大的作用,在宪法和法律的范围内更可开放一点。"不少读者要求扩大发行量和发行范围,建议由季刊改为双月刊。但是也有人建议控制发行数量,注意保密。有人建议"沿着既定宗旨,大胆前进,成功永远与风险同在。持之以恒,必将在中国学术史上留下光彩的一笔"。以上都是我们公开征求意见的反馈。

我们也经常受到意识形态主管部门的批评和提醒,告知对某篇文章的意见,并要求进行检查。上海有关部门逐渐感受到难以承受的压力,主管此事者觉得整天受批评,实在没有意思,还是停刊算了。但因为有上海市领导集体批示同意创刊的文件,谁也不敢贸然决定停刊。于是采取"改版"的办法——将《上海理论》改版为《上海理论动态》,"曲折"地达到了目的。这件事情发生在1997年。刊物的性质也因此发生根本性改变,与从前完全两样。我不愿再担任《上海理论动态》的主编,另有他人接手。《上海理论动态》在刊出三四期之后,无疾而终。

我对《上海理论》被停刊一直不甘心。刊物宗旨明确,只刊登说理文章,从不刊登真正反对共产党领导的文章。有这样一份刊物存在,对于活跃学术气氛、鼓励创新很有推动作用。理论发展需要宽松的环境,需要探讨,谁也不能保证一开始就是正确的。而且你认为是正确的,说不定就是错误的。就这样停刊了,让我感到很遗憾。后来上海市委宣传部新部长上任后,我一再向他们建议恢复《上海理论》。我还向他们出示了上海市领导的批件。上海市委宣传部领导虽然认为我说的有道理,但是也有顾虑,迟迟没有付诸实施。一直到2013年,情况才发生变化,上海市委宣传部同意由上海社联主办《上海思想界》,时任社联副主席、党组书记沈国明对此也很积极。从

1997年《上海理论》停刊,历经16年后终于又办起《上海思想界》,我觉得上海社联确实做了一件大好事,《上海思想界》的内容比《上海理论》也更加充实和有意义。

九、剖析个人治学特点

我从事社会科学研究的道路与一般人的情况不大相同。我没有受过社会科学知识的系统训练,凭自己个人的兴趣爱好,长期坚持自学、思考、研究。我的知识面较广,各方面的书都看,可是"杂而不精";自然科学、社会科学方方面面都懂一些,可是"博而不深"。这种情况的形成,与我个人的特殊经历有关。

与受过正规专业训练的大多数社会科学学者不同,我在专业知识的系统性和深度上与他们有差距,但是我的跨学科的知识结构,在研究问题时会形成一些新的视角。

我和从革命队伍中走出来的许多知识分子(所谓"秀才")也不大一样。许多"秀才"的主要工作是替领导起草文件、报告,其性质属于秘书类,当然他们同时也提供咨询。我从来不起草文件、报告,而是根据自己的志趣和形势的需要,进行研究和写作,发表个人见解,当然我也写了不少因时而作的宣传性文章。就与领导的关系而言,我主要是提供咨询的意见,充当智囊的角色,而不是做领导的秘书。秘书代领导立言,必须体现领导的意图、发挥领导的思想;而智囊是发表自己的独立见解,供领导选择使用,补领导之不足。我搞学术研究,有时也做智囊,参与咨询工作,但是没有做过秘书,这是我与许多"秀才"的不同之处。

由于以上的个人经历,我的学术研究有如下3个特点:

1. 长于宏观,拙于微观

这可能与我的知识"杂"和"博"有关。我从整体上考虑问题比较多,综合能力比较强,能够综合运用多方面、多学科的知识,多角度、多侧面地观察和分析问题,来提出自己的观点和见解。

但是就微观层面、事物的具体细节而言,我的实证考察和观察、分析能力就差了些。对于事物做深入细致的定量分析,并非我的长项。因此,我的研究有时就不免大而无当,流于空谈。

2. 长于逻辑思维,拙于形象思维

我很讲求逻辑一贯性。我想这可能得益于中学时代学过的平面几何。平面几何从几条公理出发,层层演绎推理,讲求逻辑一贯,形成大观,这对我有深刻的影响。我也学过逻辑学,南洋模范中学开设"论理学"的课程,实际上学的就是形式逻辑。但是我感到对逻辑思维帮助作用最大的还是平面几何。我看文章,非常注重前后逻辑连贯,不要存在自相矛盾。我读毛泽东的《矛盾论》时,就对他分析矛盾的同一性相对和斗争性绝对时的逻辑矛盾产生疑问,即为一例。自1960年到上海人民出版社当编辑后,我在多年看书稿的生涯中,也非常注意论述的连贯性,是否出现前后逻辑矛盾的情况。这种注重逻辑思维的观念贯穿于我的学术研究中。

相比之下,我的形象思维能力就差得多,这是我的短板。我对于文学、文艺作品涉猎不多,缺乏素养和鉴赏力,这多少影响了我的文章和著作的文采,欠缺对细节的生动描述。

3. 长于合作研究,个人单独发表的著作较少

我长于宏观,研究的问题、所写的文章往往带有"宏大叙事"色彩,需要的知识面比较广。而我自己并没有受过系统训练,因此在知识面上往往存在薄弱环节,有所短缺。因此,我对自己不太懂的地方,就采取大家一起合作的方式,吸收众长,补己之短,在合作中使自己得益匪浅。我与别人合作的文章、著作很多。我粗略估算了一下,文章和著作的合作者前后相加,已超过百人。有的合作是临时性的,有的合作则长达数年。由于在合作中我大多是第一作者,因此合作中怎样组织分工、如何具体署名、如何分配稿费,

等等,都是我操办的。我觉得自己还是比较公正的,迄今为止,还没有发生因合作而导致不愉快的情况,都是好聚好散。我对于这些合作者深深表示感谢,没有他们的合作,我的许多研究成果和文章著作可能就出不来,即使出来了,质量也会大打折扣。

我的学术研究有上述3个特点,此外,我还在长期学术研究过程中体会出一条经验。众所周知,学术研究应该从事实出发,包括研究现实和历史事实,这是基于唯物论的一条基本原理。但是,同样从事实出发,为什么不同的人的学术研究成果会有高低之分呢?根据我的体会,其中重要的一条是能否从既有的事实以及前人和旁人对事实的研究和概括中发现其中的矛盾(即问题)。研究需要从问题出发,所谓发现问题就意味着解决问题的一半,可见发现问题对于学术研究的重要性。善于发现问题,并把相关的问题联系起来、进行综合的思考和研究,就能够使学术研究趋于深入,作出有创新意义的成果。一个不会发现问题或者不敢深入思考问题的人,是不适宜于从事学术研究特别是基础理论研究的,即使勉力为之,也难以取得创新成果。

就学术研究的领导而言,对于学术研究的价值导向是必要的,如要以马克思主义为指导,以人民为中心的研究导向等。但是,这只应着重于宏观层面,而就具体问题的研究而言,则不宜设立禁区,作这样或那样的限制。须知从问题研究开始至取得问题的答案有一个较长的过程,答案的正确与否、有无价值,还得经过不同意见的争鸣和长期实践的检验。如果一开始就把一些问题划为研究的禁区,那就无法取得后续的有价值的创新成果。试看改革开放以来,许多理论上的重大创新不是从冲破原先划为研究问题的禁区而获得的吗?因此,除了宏观的价值导向以外,具体限制研究问题的范围,并不是明智之举。当然学术研究和大众宣传还是有区别的,有些敏感的问题应该允许作学术研究,但不宜在群众中广为宣传。一句话,宣传可以作一些政策限制,而研究却不应设立禁区。

我的思想自由有一个发展过程。我相信唯物论,所谓思想之自由,并非脱离实际的天马行空式的胡思乱想,而是要跟对规律的认识联系起来,因为自由就是认识了的必然。在唯物主义的前提下追求思想自由与崇尚个人自由主义并不是一回事儿，后者可以凭主观意图随心所欲，而前者只有随着对客观规律认识的加深才能逐步提高。我长期以来虽苦苦追求思想自由，但思想之自由度仍很有限。直到"文化大革命"结束、主客观条件都发生深刻的变化，我已年届半百，才在思想之自由度上有了一个质的飞跃，这就为我后半生所取得的一些学术研究成就奠定了坚实的思想基础。

我的治学特点，也是与我的个人性格特征相联系的。我比较开朗和乐观，即使遇到挫折，也不垂头丧气，从此一蹶不振，而是设法缓冲和寻求化解，积极争取处境能逐步有所改善。同时，我会定下心来，抓住可以利用的空隙，做自己感兴趣的事情。例如，在"文革"的中后期，我就认真研读了一些经典和古典的理论名著，并做了读书笔记，为"文革"后的学术研究工作增添了底气。

我性格外向，有什么意见往往"屏不住"，总要在这个人、那个人面前表达出来。为此我挨了不少批评，吃了不少苦头，但总是改不了。但这也增加了我这个人的透明度，没有多少在背后算计人的东西，使别人在与我交往时少了戒心，容易相处，这就有利于相互间的合作。另外，我还具有平等的观念，珍惜自己的劳动成果，也尊重别人的劳动成果。

以上是我对自己漫长的学术研究道路所作的初步总结和反思，它有其自身的特殊性，未必适合于他人。不过，如果其中包含着某些可供他人参考和借鉴之处，那就是意外的收获了。

十、铭记对个人成长有重大帮助的5位长者

在我漫长的人生旅途中,遇到过许多人和事,其中有5位长者对我曾有过重大的帮助。我怀着尊敬和感激的心情,铭记在心,永志不忘。

◉ 周克(左)与我在庆祝周克95周岁寿诞

周 克

周克同志是5位长者中唯一健在的,今年已达百岁高龄。他是一位老革命,1934年加入中国共产主义青年团,1937年转为中共党员。入党后,他长期在上海周边从事城市地下工作,一直到解放。1952年周克从苏南调入上海,任共青团上海市委书记。1954年调入工业部门,先后任上海市轻工业局局长、上海市委工业部副部长。1959年他在"整风补课"中被打成右派,原因就是他在党代会上对柯庆施的工作作风提了意见。他几年后摘帽,1979年平反后任上海市科委副主任。周克担任共青团上海市委书记时,我正在中央团校学习,等我返回上海,他已调离团市委,因此我和他在当时并不认识。1979年,我与刘吉等4人组成"四人研写组"。刘吉与周克同在内燃机所,当时周克还未平反,他虽被开除党籍,但已摘帽,被安排在该所任副所长。通过刘吉,我与周克建立了联系。不久之后他得到平反,担任上海市科委副主任。他竭力主张自然科学要与社会科学结成联盟。我们四人从武汉回来后,在1980年1月至3月间,我们一起支持周克共同举办了"上海科技领导干部研究班"。参加研究班的有50几人,包括中科院、中央直属研究院所、大学的研究所和科研处、上海市属研究所的领导干部。周克在研究班上第一个发言,题目是"解放思想,思考问题"。他说要解放思想,就要反对有神论,个人崇拜就是有神论。其实这就是批评了对毛泽东的个人崇拜。周克否定了过去的模式,认为即使是苏联模式也不行,中国要走自己的道路。他提出了16个思考问题,其实是对建国以来工作的反思,并提出了科学、民主与法制的问题。科学就是要尊重客观规律,民主重点要反对个人崇拜,法制就是要反对无法无天。他强调学术自由,要承认与发展个性。他指出当时的体制只有从上至下的指挥系统,缺乏自下而上的反馈机制,并且缺少监督。他的想法确实超前。

研究班共有40几场报告,自然科学、社会科学的内容都有。大家共同讨论,相互启发,积极交流,不做结论。最后共提出900多条意见,综合为

10 个问题,还提交了 40 几篇论文。这个研究班对于上海科技界的思想解放,具有非常重要的动员作用。周克同志思想解放,作风民主,思维敏捷,知识面广,接受新事物快,讲话条理清晰,逻辑性强,记忆力很好,分析问题深入。每次听他做报告,我都会感觉到一些新意。这便是我对他的初步印象。

在研究班结束后,为了使已开展的工作继续下去,我们酝酿成立了上海科学学研究所,研究科技与经济、社会、管理、教育等方面如何协调发展。上海科学学研究所成立之初,就是一个"三无"所:一无经费,二无编制,三无地址。这该怎么办呢?大家开动脑筋想办法。没有办公地点,就设法取得上海市科协的支持,借了两间房子做办公室。没有编制,我就设法向洪泽同志从宣传系统借了 12 个编制。周克任所长,我和仇金泉、刘吉等任副所长,我排在最前。这个"三无"所就这么开张了。不久,周克调任上海市委副秘书长,上海科学学研究所争取到正式编制,办公地点也落实了,陈国栋同意周克继续兼任所长。正是由于周克的大力支持,我们这个"四人研写组"才能够蓬勃发展。

1984 年以后,我、刘吉、冯之浚的工作都发生较大变动,相继离开上海科学学研究所,但是我们仍然与周克保持联系。在他退下来以后,我们仍然经常碰头。从两个星期一次,到一个月一次,再到现在的不定期会面。碰头时,我们经常就当前的形势交换意见。周克虽然听力比我还差,但思路依然清晰,还经常向大家介绍一些养生之道。祝愿他健康长寿。

洪 泽

洪泽同志生于 1918 年,比周克要小一岁,但是已于 1998 年过世,享年 80 岁。洪泽于 1936 年参加革命,1938 年 3 月入党。入党后不久即前往苏北敌后(当时称作"华中区"),从事地方工作,开展游击战争。1946 年 10 月至 1948 年 3 月,他任华中区第九地委书记。1948 年 3 月起,因患肺病休养。由于过度使用链霉素等药物,对身体造成很大损伤。直至 1951 年 5 月,他才结束休养,重新工作。1961 年 3 月至 1963 年 12 月,中共华东局恢复后,洪泽任华东局宣传部学习室主任。1963 年 12 月他升任华东局宣传部副部长,"文革"爆发后靠边。

我与洪泽相识于1961年,当时他担任华东局宣传部学习室主任。他时常抽调我去参加一些写作任务。这时,从中央到各省市都在着手编写哲学、经济学教科书,华东局从上海、江苏、江西抽调了一些人,在衡山宾馆集中,要搞华东版的教科书,我也被抽调进去。1961年9月,《辩证唯物主义和历史唯物主义》出版,这本书被不少华东地区的大学采用作为教科书。由于洪泽分管此事,因此这段时间我与他的接触比较多。

1977年,洪泽从靠边状态中解放,调任上海人民出版社党委书记。这时的上海人民出版社相当于上海市出版局,因此在恢复上海市出版局后,洪泽就担任了上海市出版局党委书记。他到任后的第一件事,就是成立"上海人民出版社批判组",揭批四人帮。我被洪泽调到批判组。大家商量还是用"批判组"而不用"大批判组"这个名称,因为"大批判组"听起来像是"四人帮"的那套。当时有许多等待分配工作的干部被洪泽调入批判组,如全一毛、陈念云、刘金、欧阳文彬等。他们有人在批判组呆的时间长一些,有人呆的时间短一些,来来去去,很是热闹。我则是贯彻始终,从批判组成立一直呆到批判组关门,大约有一年时间。当时大家的工作热情都很高。批判组始终在洪泽的领导下,他放手让大家工作,充分调动每一个人的积极性。

1977年11月,洪泽调任中共上海市委宣传部常务副部长,主持工作。1980年1月,他将我调进上海市委宣传部工作,任理论处副处长。洪泽同志思想解放,对于否定"文化大革命"、批判"四人帮"态度坚决。他在常务副部长任内,对于平反干部冤假错案、落实干部政策及知识分子政策,做了许多工作。他尊重知识分子,强调创作自由。当时有人反对揭露"文革"的"伤痕文学",称这些作品反对共产党的领导,但是洪泽坚决支持,因此《文汇报》发表了不少这类作品。洪泽的态度,给文艺界带来新的空气。对于理论界,他同样也很放手。如果他不支持的话,我不可能兼任上海科学学研究所副所长,上海科学学研究所也不可能从宣传系统借来12个编制。我们"四人研写组"的活动,也离不开洪泽的支持。他还成立了一个思想研究室,叫我负责,专门研究党的思想工作,自由度更高。1986年,我主编的《思想工作

十、铭记对个人成长有重大帮助的 5 位长者

和现代化》一书出版,将思想工作与现代化、各学科结合起来。后来情况发生变化,宣传部内部也比较复杂,洪泽遇到很大阻力。1983 年 10 月,他调任上海社科院党委书记,离开了宣传部。他到上海社科院后,将我也调了过去。1984 年 2 月,我调任上海社科院副院长。我到社科院后,在他的领导下工作了两年半,直至他因年龄关系从领导岗位上退下来。

洪泽只有半只肺,身体相当差,但他一直坚持工作。他思想解放,拨乱反正坚决,原则性强,敢于发表和坚持自己的意见,尊重学术自由与文艺创作的自由,坚持"双百"方针,很好地贯彻了知识分子政策。他到了上海社科院后也是如此。洪泽同志对我帮助很大。

汪道涵

汪道涵同志生于 1915 年,2005 年逝世,享年 90 岁。汪道涵 1933 年入党,后因被捕与组织失去联系,于 1938 年重新入党。他重新入党后到了延

◎ 汪道涵(左)与我

安,长期在财贸、工业战线担任领导工作。1980年7月,他调到上海,先任副市长,后任市长。刚到上海时,他住在东湖宾馆。他听说上海有一个科学学研究所,非常高兴,很快就叫8位研究所人员前去开会,我和周克也去了。听了我们的汇报后,他说:"科学学所的工作很好,你们应该成为中国的兰德公司,成为中国的智囊机构。你们不仅要研究科技,还要研究科技与经济、与各方面的关系。"

1984年我到上海社科院后,所做的第一件事情就是参加由汪道涵主持的"关于上海市经济发展战略汇报提纲"的讨论。通过讨论形成一个报告,其中提出上海要成为"一个龙头,三个中心"。"一个龙头",是指"长江三角洲地区的龙头";"三个中心",是指经济、金融和贸易中心。"龙头"的问题,其实就是区域经济的问题。汪道涵作为上海市长,积极参与上海经济区规划办公室的活动。我关于长江三角洲区域经济的研究及咨询工作,是与汪道涵分不开的。1985年,他从市长职务上退下来后,还一度担任过上海经济区规划办公室主任。至于我所参加的世博会及浦东新区开发开放前期工作,更是在汪道涵领导下进行的。

汪道涵是很少见的学者型官员。他曾说过"读书就是生活",他的最大爱好就是读书。他经常跑书店,博览群书,个人藏书达上万册。因此,他知识面很广,通晓国际发展动向,对各种新事物的信息很了解、也很敏感。但凡有掌握新知识的人士来到上海,汪道涵总是设法与之会谈,会谈往往时间很长,甚至直到深夜,可谓求知若渴。我曾多次陪同他参加此类会谈。我还陪同汪道涵出访日本、多次接见外宾,感到他有许多海外朋友,受到普遍敬仰。我与他会面时,他总是问我最近看了哪些新书,有什么读书心得。在他面前,我总是感觉自己读书不多,知识贫乏,很难回答他的提问。汪道涵没有什么等级观念,他要求我们称呼他为"同志",说称呼"同志"好,十分亲切。我们都称呼他为"道涵同志"。

郭绍虞

郭绍虞同志生于1893年,1984年逝世,享年91岁。郭绍虞参加过"五四"新文化运动,是文学研究会的发起人之一。他的读书经历十分简单:小学毕业后,在土木工程学校读了一年,实际文化程度相当于初一。他成为一级教授,靠的是自学成才。解放前他担任过燕京大学文学院院长、同济大学文学院院长。在1952年院系调整后,郭绍虞任复旦大学中文系主任,一级教授。他写过两厚册《中国文学批评史》,奠定了中国文学批评史作为独立学科的地位。他还是语言学家,探索符合汉语规律的语言体系,不赞成将西方的语法规则简单套用于汉语。郭绍虞还是著名书法家,上海书法家协会主席,《世界科学》的刊名就是我请他题写的。

1941年太平洋战争爆发后,日本接管了燕京大学。有人劝郭绍虞留在燕京大学任教,他坚决拒绝,显示出宝贵的民族气节。他在燕京大学所上的最后一课,是为学生讲解《诗经》"黍离",他吟诵道:"知我者,谓我心忧,不知我者,谓我何求。悠悠苍天,此何人哉!"课堂上下,一片唏嘘,师生纷纷垂泪。此情此景颇似都德《最后一课》中的场景。此后他携家眷南下,将家眷安顿在故乡苏州,自己到上海开明书局担任编辑,同时还在几所大学任教。解放战争后期,他参加了"大学教师联合会"这个地下党领导的进步组织。他是同济大学"大教联"负责人,支持进步学生运动。1956年加入中国共产党。

我认识郭绍虞是在1956年,当时我和他的第三个女儿郭贞正在谈恋爱。我差不多每星期都去郭家,郭绍虞家当时住在复旦大学附近的宿舍。在4个女婿中,郭绍虞和我的关系最好。我想这可能有两个原因。第一,他当时刚入党,4个女婿中只有我是老党员,这可能拉近了我们之间的感情。第二,我和他都是做学问的,虽然研究领域不同,但毕竟都是搞学术研究,共同语言多一些。虽然我对他的学问并不太懂,但他对我还是比较尊重的。尤其是"文革"期间,他开始写作《汉语语法修辞新探》。每写完一章,他就叫我看。我通读了他的这部著作。他还叫我提意见,这实在有些勉为其难,我也只能从逻辑、一般知识方面提出些想法。我们并不讨论,我看完后将意见写在便笺纸上,再用大头针别在他的原稿上交还给他。至于他是否采纳,我也不知道。这对我倒是个学习机会。郭绍虞平时社会活动很多,他住在复旦的宿舍,离市中心较远,年纪大了,也没有汽车,因此很不方便。在60年代,他搬到市区南京西路附近的大华公寓,这倒是件好事。因为年纪大了,他在复旦已不再上课,只是担任图书馆馆长。学生们不认识他,教师们虽然认识他,但没有人出来带头批判他。因此,在"文革"开始后,他躲过了抄家、批斗。后来工宣队进驻复旦,办了"抗大学习班",要清理阶级队伍,他虽然也被批判,但已比"文革"初期温和多了。这实在是他的运气。按照他的脾性,如果在"文革"初便遭遇残酷对待,后果是不堪设想的。

郭绍虞信奉狂狷人生。"狂狷"出自《论语》,"子曰:不得中行而与之,必也狂狷乎。狂者进取,狷者有所不为也"。"狂"是指向前进,"狷"是指不对的就不做。郭绍虞抗战时保持民族气节,内战时支持进步学生运动,对国民党的腐败深恶痛绝。他虔诚地相信共产党,入党后将苏州的老宅和房产都上交给国家。他总想跟上形势,追求进步。1958年"大跃进"时,流行现实主义与反现实主义的斗争,他也听进去了,打算修改《中国文学批评史》。结果修改到一半,就进行不下去了。他非常推崇毛泽东的《矛盾论》和《实践

◉ 郭绍虞夫妇和我的一家　前排:右起分别是郭绍虞、张方行;后排:右起分别是夏耘、我、郭贞、夏茵

论》，希望根据这些理论来指导自己的文学研究。他对古人有深刻的了解，但是对现实政治却不甚了了。这是他的特点。在1985年郭绍虞逝世一周年之际，我在《解放日报》上发表了"凛然的气节，真挚的追求"的纪念文章，全文照录如下：

  郭绍虞先生离开我们已经一年了。虽时光流逝，四季嬗变，但郭老音容笑貌，宛在眼前。握管怆然，不能自已。

  我有幸与郭老相识，是在50年代中期，正值郭老光荣参加中国共产党之际。郭老一贯倡导"狂狷人生"，并身体力行之。至此，郭老又以马克思主义为指导，对"狂狷"赋予新的内涵。

  郭老"狷"的品格是很突出的。抗日战争时期，为了不受日本侵略者的凌辱和利用，他毅然举家自北平南下；解放战争时期，挺身支持进步的学生运动。这些都是我有所耳闻的。入党以后，郭老更处处以党员的标准要求自己，操守坚正，克己奉公。在郭老身上，有一股凛然正气，充分体现了中国士人崇尚节操的优良传统，而又在新的历史条件下有所发展。"士可杀而不可辱"。在"文化大革命"中，当我正以老"右倾"、新"三反"的罪名不断接受批斗的时候，真为郭老担忧：郭老古稀之年，能否禁受得起如此狂风暴雨般的摧残？然而事出意外，郭老虽然受到审查，却没有经历太大的冲击。这应该感谢郭老友人和学生们的保护，也是我深以为庆幸的。

  "狂"的品格在郭老身上的表现，我以为主要不在于浪漫主义的风格，而在于强烈的进取心，真挚地追求真理的精神。郭老的一生，是不断追求进步的一生，因而始终能跟上时代的步伐——从"五四"运动迄于社会主义现代化建设，这是十分难能可贵的。在我同郭老相处近10年的日子里，最令我感动的一点是他赤子一般的真诚。以真诚待人，有时也不免于轻信，这或许是"君子欺之以方"吧，但与欺人者相比，就更显得郭老真诚的可贵。以真诚处事，则是郭老能"日日新，又日新"的一种推动力。郭老学了《矛盾论》和《实践论》以后，便十分认真地用以修正自己的理论观点和治学方法。建国以后,郭老毅然以所学到的新观点和方法,去修改自己的传世名著《中国文学批评史》。其修改的得失,固然见仁见智,但郭老这种精神,却是非常令人钦佩的。

尽管郭老早已是名闻中外、学识精深的专家,但他却虚怀若谷。郭老的一些文章和著作在写成初稿后,往往要我先看一看。其实,我对于文学批评和语法修辞,完全是个外行。郭老如此不耻下问,倒是给我一个学习的机会。我一边学习,一边将自己以为有疑问的地方,用铅笔写在签条上别在稿边。郭老总是认真翻看,有的采纳,有的否定;即使很不像样,也不指责,而是给予鼓励。郭老与世长辞了,对于郭老的学问,早有定评。我因未识门径,难以置喙,只能从品行方面,略抒高山仰止之情。

(本文刊于1985年6月27日的《解放日报》)

郑成美

郑成美同志,生于1910年,1992年逝世,享年82岁。她与上面的4位饱学之士不同,大字不识一个。她是浙江嵊县人,是我的奶妈。我出生后,母亲没有奶水,就请了她来做奶妈。我两岁后,她离开了。抗战结束不久,她又来到我们家做家务工。她的丈夫、与我同岁的儿子均早已病死,家中只剩下一个小女儿。她是同情共产党的,我们兄弟姐妹都是共产党,家里常常有开会等活动,她主动掩护,从不对外人讲。

"文革"开始后,我的母亲70多岁,父亲早已过世,郭贞被关在青年宫,我又是"三反分子",每天要"早请示"和"晚汇报"。我的两个女儿,一个7岁,一个3岁。这个家就是靠她在支撑着。1969年郭贞去了黑龙江,不久我又被下放到干校,家里老的老,小的小,没人主持。我们夫妻的工资被冻结,只发生活费,连她的工资都付不出。更有甚者,1966年我们家被抄,我母亲因为有股票,但没有金器,倒没被抄走什么。可是郑成美多年积攒的金

十、铭记对个人成长有重大帮助的 5 位长者

◉ 郑成美与我

戒指之类却被抄走了,后来虽然折成钞票发还,但是数额少得可怜,对于她是一个不小的损失。她具有中国劳动妇女的传统美德,除了操持家务,还对我的两个女儿进行了很好的教育。所以,即使是在"文革"的社会环境下,我的两个女儿也没有受到歪风邪气的影响。这都是郑成美教育的功劳。"文革"后,她因年高体弱,就在我们家养老,直到 1992 年逝世。她是我们家不可缺少的重要一员。

十一、不忘家庭作为后盾的支撑作用

我之所以人生之路能够走到今天,与有了家庭这个坚强后盾紧密相关。解放前,我的家庭比较富裕,兄弟姊妹中我最小,大家相互关怀信任,我在参加共产党和民主革命这一点上深受兄姊的影响。1957年12月,我与郭贞结婚,有了自己的家庭。应该说我和郭贞之间在工作、专长、兴趣、爱好方面的共同点不多,差别倒不少。她先在青年文工团,后在青年宫文艺组,搞学生文艺工作。除了文艺之外,她还擅长组织一些大型活动。当时每逢"五一""十一",人民广场都举行联欢活动,郭贞都参加这些活动的组织工作,经常在现场拿着大喇叭指挥。历届中日青年大联欢,她都参加了部分组织工作。她在青年宫文艺组工作时,负责管理学生课余艺术团,培养出一批人才,如后来成为著名指挥的汤沐海、成为著名导演的史蜀君等。

郭贞的长处恰是我的短板。我不喜欢唱歌、跳舞,乐感、节奏感都欠缺。我一直没有学会交谊舞,现在也不会,原因是踏不准节拍,外加动作僵硬。郭贞倒是跳得不错,她教了我多次,效果很差。相反,她对理论问题不大熟悉,我们之间关于这方面是讨论不起来的。平时我们看电视的兴趣也不同,她喜欢看电视剧和文艺节目,我喜欢看体育节目,尤其是足球。电视节目中的电影,我也比较爱看,而连续剧太长了,我实在没有耐心一直看下去。于是我们家有两台电视机,大家各看各的,互不干扰。除了一些团市委的共同

十一、不忘家庭作为后盾的支撑作用

朋友之外,我们的朋友圈也不一样。她的朋友主要是以前在青年宫搞文艺组织工作时认识的文艺界人士,我的朋友主要是理论界的。所以,与其说我们的结合是出于共同的兴趣爱好,不如说是双方具有长短互补的功能。

虽然有这许多差别,但是在政治上和生活关系上,我们却互相信任。"文化大革命"中,各种乌七八糟的谣言满天飞,但是关于我的谣言,她一概不信;关于她的谣言,我也一概不信。我们从没有互相揭发过对方,总是为对方提供尽可能的帮助。看来,在"文化大革命"中,相互信任是至关重要的。

我有两个女儿。"文化大革命"时,大女儿将近10岁。当时因停发工资、只发生活费,家里经济拮据。每次都是大女儿去我们的单位领取生活费,领回家后精打细算。她小小年纪就懂得勤俭持家,经常去饭店买3分钱一锅的咸菜汤,到水果店买削价处理的便宜水果。虽然她的成绩优秀,但是学的是"工基""农基",不成系统,耽误了学习。恢复高考时,她正在市郊养猪。休假回上海复习迎考时,我替她补课,补数学和物理。结果她的数学考

◎ 我的一家　前排:左起分别是我和郭贞;后排:左起分别是大外孙徐迅羽、夏耘、徐军、叶华、夏蔺和小外孙叶子洋

得不错；物理的力学部分考得也可以，但是电学部分因为没来得及补习，这方面的题目一道也没做出；化学也是没来得及补习，成绩自然也很差。为什么会来不及补习呢？因为她还要赶回农场养猪。她的高考成绩距离录取线只差3分，只得进了当时上海最好的中专——上海机电专科学校。在中专毕业、工作后，她又考取上海纺织工学院夜大学，夜大毕业后在上海理工大学教书。和大女儿相比，小女儿赶上了好时光。"文化大革命"结束时，她初中毕业考取了上海中学，成为上海中学恢复正常招生后第一届高中生。高中毕业后又考取了同济大学建筑系。现在我的女儿们都在上海，她们平时对我们照顾得很好，大女儿和我住在同一幢大楼，吃饭在一起，分户睡觉。平时家务都是由我妻子照管，我管得很少。妻子事无巨细，都管得很认真，颇有条理，我却有点大而化之。

正是因为有了家庭这个坚强后盾，我才能够安心做学问。我发现，"文化大革命"中的自杀者，许多是因后院起火才走上绝路。或者是夫妻之间互相揭发，尤其是孩子们起来造反带来的打击最大。白天在单位被批斗，晚上在家被造反，24小时日夜不得安宁，精神上首先就垮了。我是幸运的，没有遭遇过这样的问题。我白天挨斗，回到家里却是风平浪静，有了喘息的机会。这样的坚强后盾，对我能安全度过"文化大革命"的考验起到不小的作用，值得记上一笔。

2016年11月1日，我因肠梗阻送进医院手术，至12月15日出院，整整住院一个半月，这是因不全肠梗阻住院治疗半个月后的第二次住院。2017年3月18日，我又因十二指肠球部溃疡出血第三次住院，为期一个月。在整个治疗过程中多亏女儿、女婿们的全力支持和照顾，使我得以转危为安，虽有后遗，但能逐渐恢复。特别是大女婿徐军，不仅在我患病治疗的全过程中提供有效的帮助，而且为我的写作提供电脑技术和网络信息方面的支持。同时，他也为夏同善墓重修工程的竣工出了大力。经此，我更深切感到家庭作为后盾的不可或缺的支撑作用。

十二、将思想之自由贯彻到人的生死观中

2016年11月6日,我从手术后的全身麻痹中醒了过来。当时,手脚都被捆在床沿,嘴里塞了东西,无法发声,可以说全身躯体都动弹不得,毫无自由可言。但值得庆幸的是,我发现自己的思维能力并未受到影响。这时,我就不由得想起"我思故我在"这句名言,以此来形容我当时的心情,却是再贴切不过。由此,也联想到"不自由,毋宁死",要不是我的思想之自由还在,要不是我意识到躯体自由的丧失只是暂时的现象,它终究要回归到思想之自由的支配之下,那么,我活着还有什么意义呢?这是我在特定条件下对"不自由,毋宁死"的一种特殊体悟。由此,我也联想到"安乐死"的问题,这是一个长期有争议的问题。我属于赞成派,理由如下:

对本人来说,既然已经注定无可救药,与其在长期痛苦中饱受煎熬,不如早点结束,这是对病人的一种解脱。

对家属、亲人来说,使他们能从繁忙的照顾病人的长期无效劳动中解放出来,从心力交瘁的精神状态中摆脱出来,把自己的精力早日投入其他有效劳动中,这也体现劳动效力的提升。

对社会来说,可以节省一笔使用效率不高的服务开支,把社会劳动辛苦积累的财富使用到更为有效的社会服务中。

因此,我坚决对"安乐死"投赞成票。不过,我也知道,如果要真地加以实

施,需要考虑种种复杂的因素。我在这里公开表态：如果有朝一日我病入膏肓,完全符合实行"安乐死"的条件,我本人坚决赞成。如果需要首先征得本人同意,我愿意作肯定的签字;但如果当时本人已无能力签字,我愿意全权委托我的两个女儿夏耘和夏菡,只要她们其中一人签字同意,也就代表我的意志。

关于"安乐死"的话题就谈到这里。至于我死后是否捐献遗体,我还没有想好。因为据我所知,在中国目前的条件下,要为医科教学寻找供解剖使用的遗体,并不是那么困难的事情。我的遗体的诸器官都已严重老化,恐已没有多大用处,不过,如果我的哪个器官还有移植给他人的价值,那么我愿意捐献出来。这并不是什么单方面的赐予,而是一种互利的行为。因为这对于接受方来说,当然得益,对于捐献方来说,整个躯体即将烧成灰烬,独有这个器官还能保存下来,多活上几年或10几年,岂不是一件好事？

此外,如果我的遗体的某个部分具有供医药研究的特殊意义,那么我愿意把这部分遗体捐献出来供解剖之用。

话说到这里,怎样把思想之自由贯彻到生死观中,我已经表达清楚,关于我个人的生活剧也就可以结束了。剧终幕落,该剧的主创人并没有起立谢幕,他的思想之自由还在,看来剧终后还得有个"尾声"。

附录

附录一 纪念我的高祖夏同善

夏同善(1831—1880)是我的高祖,他曾任光绪皇帝的启蒙老师,咸丰六年进士,历任兵、刑、吏三部侍郎,顺天、江苏学政。他在治黄河、固江防,平冤狱、赈灾荒,分首从、罪疑轻,重育士、举贤才等方面均有建树。最可贵的是他严以律己,清廉自守,兼有廉政、勤政、善政之功。他的精神和事迹,对于我国当前改革吏治、反对腐败仍有借鉴意义。他逝世后,门生张謇特为之编撰《夏侍郎年谱》和《神道碑铭》,可见师生情谊之深。

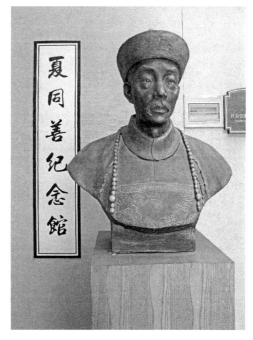

◉ 高祖夏同善半身像

夏同善逝世后安葬于杭州大清谷。在"文化大革命"期间,墓地尽遭损毁。2007 年经杭州市政府批准重修墓地,并建立夏同善纪念馆。墓地重修工程于 2017 年清明节前竣工。

我曾于 2008 年 4 月 5 日在《浙江方志》上撰文"夏同善——一位富有民本思想的清廉开明的好官",现全文转录于下:

夏同善(1831—1880)浙江省杭州府仁和县人,咸丰六年(1856 年)进士。历经咸丰、同治、光绪三朝,曾任光绪帝的启蒙老师,先后任兵部、刑部、吏部右侍郎和顺天、江苏学政,主杭州、苏州紫阳书院讲席,并屡任乡试、会试、复试阅卷大臣和殿试读卷大臣等。可是,他之所以成为里巷皆晓的知名人士,却主要由于"杨乃武与小白菜"一案。

◉ 夏同善纪念馆

◉ 2017年修复后的夏同善墓地全景

杨乃武冤狱昭雪　夏侍郎作用关键

"杨乃武与小白菜(即葛毕氏)"一案为清朝四大奇案之一,它发生于同治十二年(1873年),光绪三年(1877年)始结案,历时3年有余。先后经余杭知县、杭州知府、浙江按察使、浙江巡抚四级审议,复经多次复审,均陷杨乃武与葛毕氏于冤狱,未得纠正。特别是光绪元年(1875年)10月,户科给侍中边宝泉曾上奏折,认为该案办得不能令众人满意,请提交刑部审办,被上谕以外省案件提交刑部"向亦无此政体"予以驳回,这就使该冤案的纠正陷入绝大的困境。可是,该案的结局与浙系官员的声誉息息相关,因为杨乃武系浙江籍的举人。夏同善说过:"此案如不平反,浙江将无一人肯读书上进矣。"于是,在同年12月有18位浙江籍京官联名向都察院递送呈词,呈词中举出外省案件提交刑部审办的两个先例,含蓄地对上谕"向亦无此政体"提出异议。这是中国几千年皇朝历史上仅见的特例,因为只有老百姓才向官府衙门递呈诉状,而官员则应向皇上上奏折。这一险着之所以能被采取并取得成效,与身为浙系高层官员夏同善的鼎力支持是分不开的。呈词得到上谕"降旨提交由刑部审讯"的结果,成为该案的转折点,而夏同善处于上可与两宫太后进言、下又与浙系官员有广泛联系的特殊地位,他在其中起到关键性的作用。

"杨乃武与小白菜"一案在民间通过野史、小说、戏曲、评弹、电视剧等多种文艺形式广为流传,使夏同善成为人们心目中的清官形象,至今不衰。可以断言曲折流传的种种事迹确有不少艺术夸张的成分,但事出有因,并非子虚乌有,其对夏同善形象的塑造有一定的合理性。

屡献救灾良方　带头捐资助赈

夏同善之所以成为平反杨乃武冤狱的关键人物,固然有适逢其时的因素,但亦是其一贯的内在品格的体现。夏同善笃信"民为邦本",并身体力行。这突出地表现在他对于救灾的态度上。在夏同善为官之年,清朝已日益衰败,外患内乱,水旱灾害频发,夏同善心急如焚,屡上奏折献上救灾的良方。特别是自光绪二年(1876年)开始,南北各省水旱为灾,河南、山西、直隶、山东、陕西苦旱,广东、福建则遭大水,灾情之重为数年来所未有。夏同善在光绪三年(1877年)年初皇太后召见时,跪陈外省饥民情形,并于其后一年多的时间内,根据灾情发展情况,上疏不下6次,提出许多救灾之方。一是"当去冬种麦之时,正小民流离之日",即使速归,已误农时,请将被灾省份夏粮缓征,以纾民困。二是将户部存关税银200多万两中拨银40万两,天津所存的海防经费银240余万两中拨30万两,合银70万两,根据灾情,以七成给山西,三成给河南。三是对旱灾最重的山西速筹快运粮食,可多用民夫挑运,以工代赈。夏同善救灾不仅有言,而且有行。当时京城周边地区旱灾,他带头捐银300两,带动周围官员共集银9 600余两,嘱工部主事赵昌言、郭之桢赴交河一带,会同编修吴大澂就地散发,共赈灾民11 100多户。到光绪六年(1880年),还带头捐银500两,救济直隶灾民。又带头捐银100两,赈抚黄河白龙湾上下游决口的灾民。

确查黄河漫决　上陈疏治三策

夏同善不仅尽力于水旱灾害发生后灾民的救济,而且着眼于灾害的防治。光绪四年(1878年)夏秋,山东境内黄河多处漫决,以白龙湾为甚。夏同善奉旨于光绪五年初前往查实。他赴各漫决处实地访查,并"博求众论",肯定漫决的原因在于下游的淤垫,认为"下游梗塞必致上游漫决","去年秋汛较大,遂致各处漫决",因而"徒恃上游提防而不于下流力图疏治,听其淤垫日高,将来之患何可胜言"。针对这一成灾原因,他上疏三策。一是宜疏浚海口。现海口河底"铁板沙与牡蛎凝成一片,其质尤坚",用寻常爬沙船"只能去新淤而不能入坚土",必须调小火轮船拽加重铁扫帚等往返疏浚方可。二是宜开直河湾。"盖湾则流缓,而水漫沙停,直则流急而沙随水去。"今利津以下地广人稀,需搬迁居民很少,可"将近海数十大湾先取直之,使由利津二百里之黄河沛然莫御,直达诸海,则刷沙有力,海口免停淤之患矣"。三是宜开支河。应将徒骇河上下游一律挑浚深宽,并开挖引河,倘遇黄河水流盛涨,可以分流,以免漫决之患。这三策颇有见地,具其可行性。

同年夏同善在查看沿长江炮台时,知江阴城河淤垫年久,河窄而底高,舟行困难,他力主开浚,并捐银400两助其成。江阴历经战火,诸山都光秃,他复捐种松秧52 000株于君山,教民树植,当地居民呼君山为夏公山。这是夏同善关心与民生攸关的水利和生态的又一佐证。

定刑罪疑惟轻　强盗应分首从

夏同善的民本思想不仅表现在对灾民的救援,而且延及对犯罪的量刑。自康熙五十七年(1718年)始,对强盗重案均区分首从,"将造意为首及杀伤人者于各本案内一二人正法,余盗俱照减等发遣"。到咸丰四年(1854年),外有英、法、俄列强的侵迫,内有太平天国的创建,军务频兴,盗风日炽,遂改刑律,凡盗劫之案,不分首从皆斩。夏同善于同治十二年(1873年)上奏折请对盗案复归区分首从的祖制。他认为"盗案从犯半皆饥寒所迫","与首犯究有不同",应采取"罪疑惟轻","即罪已定矣,而于法之中有疑其可轻可重者,则轻之"的原则,而"不分首从者,权宜之计,所以救一时,特分首重者,仁厚之心所以垂万世",这一奏折得到皇上首肯。

夏同善在担任刑部右侍郎时,每遇死狱,经常愀然不忍下笔,必再三审核,同官反复商议才签署。如阅秋审案(死刑犯均在秋天执行)有所疑惑,就写在书简上,积久成《秋审记疑》一册,每每对其儿子说:"断案时当为死者设想,秋审时又当为犯者设想。"一家生机每每靠一个当家人,这人一死一家就跟着陨落。对于那些极为凶暴的主犯,固然应以国法严惩,但对于那些受到牵连而情有可原的从犯,怎么能不尽力为之量刑减等呢?这些事例说明夏同善在其执法量刑的为政实践中,都贯穿着民本理念。

固江防应重要隘　节财用以厚民生

夏同善在侍郎诸任中,以兵部侍郎为最久。但是,他并不一味向朝廷争武备军需之费,相反,却一再强调要"撙节财用,以厚民生"。光绪元年(1875年)他奉命查办四川省永川县监生张事周控兵差局绅士张竹轩等吞公款病害百姓一案。经查明,川地由于战事兴起,加派捐输,随正粮一两加各项杂派有七八两之多,"小民实形苦累",因而除请将不法的官员"一并交部分别议处"外,应"严禁逾额浮收,籍端加派",全行裁撤四川省现存的兵差局65处,对夫马局也应分别情况,"切实酌减","总期有益于百姓,无碍于地方"。

光绪五年(1879年)初,夏同善奉旨查看沿长江炮台。他先后赴镇江、江阴、吴淞、金陵等地,实地视察各处炮台情况,认为自同治十五年至光绪三年,炮台各费计银已不下五六十万两,而守兵粮饷尚不在内,长此以往,恐难以为继。为今之计,建炮台应扼形势之要,"吴淞为苏松门户,江阴为长江咽喉,二处最关紧要,再由江阴而上,焦山屹立江中,象山都天庙互相犄角,亦属要隘之区",应重点修固,而不应处处设防,导致"民力困穷,国用支绌","以有限之膏脂,供无穷之费用",好比是"防未起之疮,挖已伤之肉",决非得计,还是应以民生为重,撙节财用,自金陵以上,更不宜再有建置。这是以实事求是的态度、在不损江防的前提下节用民力的好奏议。

精心育才　秉公举才

晚清吏治腐败,贪婪成风,其中一个重要的原因就是由于内外战乱频仍,军费、赔款没有着落,就大肆捐纳卖官。夏同善在光绪四年(1878年)

兼任吏部右侍郎,在奉命视学江苏向两宫太后辞行时,就力陈澄清吏治之道,固然不止一端,但"要以停止捐输为首"。他认为捐纳的官员中,滥竽充数甚至违反为官操守的人实属不少,而在推行的过程中弊端丛生,既严重败坏吏治,对增加饷需亦多有名无实,自应及时停止。第二天即有旨停捐。

夏同善屡屡担任乡试、会试、复试、殿试的考官,他都认真阅卷。甚至彻夜不寐,秉公选拔人才。他的门生众多,张謇就是其中之一。就在光绪五年(1879年)就任江苏学政任内,还通过会考取张謇等6位优贡生。夏同善故世后,张謇为他撰写"神道碑铭",足见他们师生情谊之深。他对士子吸食鸦片深感痛心,于光绪六年(1880年)初颁布戒烟章程通饬各学,并推荐戒烟善方。

夏同善不仅秉公举才,而且还精心育才。紫阳书院建于康熙四十二年(1703年),是清代四大书院之一,历史悠久,人才辈出,对有清一代的学风有深远的影响。夏同善曾主杭州、苏州紫阳书院讲席,他认真授课阅卷,并劝勉学生要把行为放在作文的前面,读书与修德并举,培育了不少有用人才。

清廉自守　施济为乐

夏同善乐善好施,这从前述解囊救灾的事例中已可见一斑。他对亲友中有困难的,也都乐于相助,不少人"赖以举火、赖以殡葬、赖以继续"。但他自奉俭约,为政清廉,从不以私求人,也不让人以私相求。同治六年(1867年)夏同善继母萧太夫人故世,乡里中曾有人囊金相赠,他以为义不当受,坚决拒绝。在光绪元年(1875年)处理完四川差事的归途中,有人秘密以巨金相赠,试图买官。他说这是要毁他清廉的名声,拒绝不受。事后还写信给这个人,"告以国家设官之意与士人从任之道,嘱县省察初心,毋自菲薄"。然而,他又与人为善,并不说出这人的姓名,就连他的儿子也不知道这人的姓名。光绪六年(1880年)夏同善50寿辰,在江苏的僚友送礼他都拒收。从这些事件中,可知夏同善的严于律己和宽以待人。

竭尽心力难补天　民本思想堪借鉴

夏同善勤政爱民，至死不渝。特别是在他生命的最后三四年中更是各处奔波，不顾劳累，尽心竭力。先是在光绪三、四年间（1877—1878年），为救特大水旱灾害，不断查明实情，提出可行方案，前后上疏不下6次。至光绪五年（1879年），更为查看黄河漫决和沿江炮台，来回奔波于山东沿黄河各处和长江下游镇江、江阴、吴淞、金陵等地。在光绪六年（1880年）2月至4月间，更为岁试先后分赴苏州、松江、太仓、常州。积劳成疾，3月已患腹泻，因试事防范严密，耽误延医治疗，至6月更患疟疾，终于7月24日病逝。在逝世前一天，他还向长子庚复口述遗疏，力陈"欲御外侮，先弭内忧"，各省自战乱以后，疮伤未复，正宜培养元气，使之逐渐充裕，不应自设捐局，百物都要征税，"贼盗之起，半由饥寒，民穷则乱"。愿皇太后、皇上"减海疆虚縻之费，裁各省浮滥之捐"。弥留之际，惟以民生边事为念，无一语及家事。尽管如此，但因晚清政事已千疮百孔，病入膏肓，夏同善以一介之力，殚精竭虑，终究心劳日绌，回天乏术。他的民本思想，他的清廉开明，虽与我们当前倡导的以人为本、执政为民的思想有原则的区别，但对我们正在干部中着力进行的反腐倡廉、端正执政理念、增强执政能力的工作，仍不失其启示与借鉴作用。因此，在夏同善生于兹、葬于兹的杭州市，是否应当有适当的举措对他有所纪念呢？

[参考文献]

[1]《清史稿》列传二百二十八。
[2]《杭州府志》夏同善。
[3]《浙江通志》夏同善。
[4]《夏侍郎年谱》。
[5] 张謇：《清故吏部侍郎夏公神道碑铭》。
[6] 谭廷献：《清故光禄大夫吏部右侍郎江苏学政夏公墓志铭》。
[7] 王策来：《杨乃武与小白菜案　真情披露》，中国检察出版社，2002年。

附录二　大事年表[①]

1933 年

由家庭教师在家单独授课,学习《三字经》《论语》《孟子》等。

1938 年

2 月进上海正志小学,插班读四年级下学期。

1940 年

8 月进上海南洋模范中学读初一,直至 1945 年 8 月。

1944 年

参加上海基督教青年会南模团契。年底作为团契骨干参加青年会发起的"义卖助学"活动。

1945 年

1 月加入中国共产党。2 月南洋模范中学党支部成立,担任党支部书记。

8 月 22 日为配合新四军进驻上海,在校内召开庆祝抗战胜利大会,与校方发生冲突,随后包括我在内的 4 名同学被校方开除。即转学上海复旦中学,任党支部书记、学生自治会副主席。

1946 年

8 月从复旦中学毕业。进上海大同大学电机系肄业,主要从事班级群众工作。

1947 年

5 月以校方对"学生经济食堂"的无理阻挠为导火线,在学生自治会领导下,以"革新校政"为名全校罢课。

同月 26 日学生自治会干部被闯入的特务、打手殴打。警察局江宁分局随即借口"互殴事件",不仅放过打手,反逮捕了被打的 11 名学生。此后,我

[①] 这里所指的大事,仅限于工作和学习方面,不包括个人生活方面。

被推选为学生自治会候补理事。

7月1日理工一年级同学会成立,我当选为常务干事。

暑假期间,校方以各种借口开除了83名学生,我也名列其中。由此,成立秘密的党的外围组织——"民主青年联合会",我是该组织的领导成员。

8月转学上海中华工商专科学校机械系。

1948年

2月转学上海圣约翰大学土木系,负责"大学基督教团契"党组的工作。

9月"大学基督教团契"被解散,我的工作回到系里,担任党的理工分支委委员。

1949年

3月参加区人民保安队,任宣传组长。

5月上海解放,担任青年团静安区委宣传部长,主要从事青年群众动员工作,包括动员学生参加南下服务团和西南服务团,分别奔赴四川、福建等地。

1950年

10月开始抗美援朝以后,动员学生参加军事干校。

1952年

2月进中央团校学习。

1953年

中央团校学习结束,回上海等待分配工作。

1954年

1月调入青年团上海市委,先后担任宣传部宣传组长、副部长。

1955年

参与"共产主义道德教育"运动在上海的组织动员工作,同《解放日报》和《新民晚报》的记者一起,抓马小彦、傅宝娣两个被腐蚀的典型报道。期间,曾随同团市委的其他人一起赴北京向时任团中央第一书记的胡耀邦同志作汇报。

1956年

3月调入中共上海市委宣传部,先担任干部理论教育师资训练班的副主任。3个月后进宣传部学习室,担任中共党史组组长。

5月"整风"运动进入"大鸣大放"阶段,我被宣传部指派为驻《文汇报》和时代中学的联络员。

1957 年

12月下放至上海县宝南乡劳动,担任该乡联明生产合作社第四生产队下放干部的小组长。

1958 年

因反对"大跃进"带来的高指标,在上海县宝南乡召开的筹备成立"七一"人民公社的动员大会上被点名批判为"促退派",随即被撤销下放干部小组长的职务,延长下放劳动期直到1960年4月。

1960 年

9月被分配到上海人民出版社,担任哲学编辑室编辑。

1962 年

"七千人大会"提出对前几年在运动中受到冲击的干部实施"甄别",我被列入"甄别"范围,"甄别"后升任哲学编辑室主任。上任才几个月,中共八届十中全会召开,在狠抓阶级斗争中再度受到批判,实际上被"内控"。

1965 年

年初被派往川沙县参加"四清"运动,为期一年半。

1966 年

"五一六"通知公布后,被上海人民出版社揪回单位接受批斗,被定性为"反党、反社会主义、反毛泽东思想"的"三反分子"。

1969 年

12月随上海人民出版社全体人员下放到奉贤县柘林乡。

1970 年

随上海人民出版社全体人员进入位于奉贤县海边的"出版五七干校"。

1971 年

9月13日发生林彪出逃事件,毛主席提出"全党学习马列,不要上政治骗子的当",干校确定学习《反杜林论》《国家与革命》等6本经典著作,我被调至校部学习辅导组。

1973 年

5月,从干校借调至《自然辩证法》编辑部,担任编写注解等工作。

1974 年

9月被《自然辩证法》编辑部退回上海人民出版社(原出版局),在科技组(原上海科技出版社)担任土木编辑。

1976 年

4月作为《中国桥梁史话》的责任编辑,与该书写作人员一起开始作实地考察。先后赴苏州、南京。在"四人帮"垮台后,仍继续赴泸定、重庆、武汉、长沙、西安等地考察,前后历时一个多月。

1977 年

1月调至"上海人民出版社批判组",撰写批判"四人帮"的文章,为期一年。

1978 年

在上海市出版局任理论研究室副主任。

1979 年

8月在赴武汉参加"全国科学技术史"讨论会的归途中,和共同与会的刘吉、冯之浚、张念椿一起形成"四人研写组",合作时间长达10年。

1980 年

1月调入中共上海市委宣传部,先后任理论处副主任、思想研究室负责人。

上海科学学研究所成立,周克任所长,我为兼职,在副所长中名列第一。

1982 年

中国科学学与科技政策研究会成立,担任研究会副理事长。

12月上海经济区规划办公室成立,相应地成立了上海经济区研究会,担任研究会副会长。

1983 年

1月赴美参加中美两国科学院科技政策讨论会,会后又参观访问了美国各地 19 个单位。

1984 年

2 月调入上海社会科学院,担任副院长。

参与"关于上海市经济发展战略汇报提纲"的讨论会。

9 月日本长期信用银行经济考察团来华访问,其成员堺屋太一提出 1989 年 9 月在上海举办世界博览会的建议,得到汪道涵市长的肯定,并委托我担任与日方保持联系的"联络员"。

1985 年

日方成立"上海世博会可行性调查团",分别于 2 月、5 月、7 月、9 月 4 次来上海访问,均由我负责接待工作。

与此同时,由上海市科委牵头,上海社科院、同济大学、市交通工程协会参加,进行世博会预可行性研究,我担任副组长。10 月写出预可行性报告。

1986 年

5 月 10 日至 14 日参加"上海文化发展战略"研讨会。

6 月 22 日至 30 日赴桂林给各地部分企业家讲授领导科学。

1987 年

11 月 14 日至 19 日赴美 Big Sur 参与中美学者"科研政策、咨询与社会发展"研讨会,同去参加会议的还有马洪、童大林、吴明瑜等。

1988 年

3 月 22 日至 30 日随汪道涵率团访日,向东京、大阪两市企业家和社会各界介绍浦东开发开放和上海世博会,我负责介绍世博会的筹办情况。

4 月 7 日至 5 月 18 日率上海社科院学者组团赴南斯拉夫和匈牙利进行学术研讨,并途经苏联乘火车回国。

19 日参加在上海召开的浦东新区国际研讨会。

1990 年

10 月 22 日至 11 月 9 日率上海社科院文史哲方面学者赴美国各高校访问交流。

1991 年

3月6日至8日赴北京参加"股份制与股票市场"研讨会。

1992 年

4月5日至9日为筹拍介绍澳门的电视纪录片访问澳门。

9月24日至26日参加邓小平管理思想研讨会,并作主题报告。

1993 年

4月26日率上海社科院研究人员访问越南河内、西贡,与社会科学界广泛交流,5月6日返回上海。

6月15日至18日参加中共中央宣传部在上海召开的邓小平理论研讨会。上海社科院邓小平理论研究中心成为全国"五大中心"之一,我担任中心的"双主任"之一。

11月1日赴京在中央党校参加省部干部轮训,为期一个月。

1995 年

不再担任上海社科院副院长、专职任邓小平理论研究中心主任。

4月24日至26日赴北京讨论《邓小平同志建设有中国特色社会主义理论学习纲要》初稿。

1996 年

1月15日至17日赴华西村参加该村工作研讨会。

5月28日至6月4日参加解放日报社组织的长江沿江考察。

1997 年

5月27日至29日赴乌鲁木齐参加"21世纪中国新疆发展与合作战略"研讨会。

7月29日至8月1日赴北京参加中宣部召开的第三次建设有中国特色社会主义理论研讨会。

11月19日至26日赴武汉参加中国中部发展研讨会。

1998 年

离休,改任上海社科院邓小平理论研究中心顾问。

12月18日至21日赴北京参加"纪念中共十一届三中全会20周年"研

讨会。

1999 年

6月28日至30日赴苏州,参加该市市委党校召开的"精神文明建设与干部素质教育"研讨会。

11月23日至24日参加纪念浦东开发开放十周年电视片策划。

2000 年

5月18日至20日赴北京参加邓小平思想年会。

9月11日至15日赴深圳参加经济特区理论研讨会。

12月1日至3日赴日本参加亚洲统治系统研讨会,会议结束后赴经济企划厅拜会堺屋太一。

2001 年

2月27日参加汪道涵对堺屋太一的接见。

2002 年

1月18日参加"邓小平南方谈话纪念会"。

5月被聘为上海五缘文化研究所顾问。此前,已被聘为顾问的有王元化、张仲礼、徐中玉、钱谷融等。

2003 年

2月18日至21日赴重庆参加邓小平理论讨论会。

7月12日至13日赴绍兴参加"小康社会"研讨会。

2006 年

10月17日参加华东师范大学"和谐社会的文化发展"论坛。

11月23日参加"马克思主义中国化"论坛。

2010 年

4月30日参加上海世博会开幕式,以后多次赴世博会参观,与堺屋太一多次会晤,并接受电视台采访。

2013 年

参加《上海思想界》编辑部组织的多次谈改革、习近平"8·19"关于意识形态问题的重要讲话、中共十八届三中全会决定等问题的学者座谈会。

2014 年

6月5日至8日赴福州参加福建省五缘文化研究会组织的研讨活动。

7月3日参加"马克思主义中国化"的全国讨论会。

2015 年

3月27日参加汪道涵百岁诞辰纪念会。

11月在《五缘文化与中华民族复兴》一书中发表"历史唯物主义和'两种生产'论——兼谈人性、民族性与五缘文化"一文。

12月在《上海思想界》总第30期上发表"中国特色社会主义理论体系研究提纲"的长文。

2016 年

在葛涛协助下,从年初开始口述史工作,于2017年完成并公开出版。

附录三　著作目录

[1]《谈"团结—批评—团结"》(合著),浙江人民出版社,1957年9月。
[2]《一把钥匙开一把锁》,上海人民出版社,1961年10月。
[3]《谈谈规律》,上海人民出版社,1961年12月。
[4]《贝克莱的唯心主义哲学》(合著),上海人民出版社,1976年8月。
[5]《软科学》(合著),知识出版社,1982年7月。
[6]《领导科学基础》(合著),广西人民出版社,1983年5月。
[7]《科学学基础》(合著),科学出版社,1983年9月。
[8]《现代智囊团》(合著),知识出版社,1984年9月。
[9]《领导与战略》(合著),山东人民出版社,1985年6月。
[10]《思想工作和现代化》(主编)①,上海人民出版社,1986年5月。
[11]《现代化与中国》(合著),中国展望出版社,1986年7月。
[12]《论领导科学》(论文集,合著),光明日报出版社,1987年4月。
[13]《论战略研究》(论文集,合著),光明日报出版社,1987年10月。
[14]《论科技政策》(论文集,合著),光明日报出版社,1988年3月。
[15]《论智力开发》(论文集,合著),光明日报出版社,1988年3月。
[16]《社会科学学》(主编),湖北人民出版社,1989年6月。
[17]《经营管理大系·领导卷》(主编),上海人民出版社,1990年7月。
[18]《社会主义经营管理哲学读本》(主编),上海社会科学院出版社,1991年3月。
[19]《世纪之交的社会科学》(主编),湖北人民出版社,1992年8月。
[20]《加速发展、达到共同富裕的捷径——中国地区发展战略与布局》,上海人民出版社,1994年10月。
[21]《发展高科技,实现产业化》(合著),上海人民出版社,1997年7月。
[22]《大都市精神文明建设——理论思考与上海实践》(合著),上海人民出版社,1997年11月。
[23]《旗帜问题至关重要》,上海人民出版社,1998年9月。
[24]《社会主义初级阶段的基本纲领》(主编),上海人民出版社,1999年2月。
[25]《市场经济与当代中国社会结构》(合著),上海三联书店出版社,2002年9月。
[26]《夏禹龙文集》,上海人民出版社,2003年12月。
[27]《在构建和谐社会中国家的角色和作用》(合著),上海人民出版社,2008年1月。
[28]《中国发展道路的理论支撑》(合著),学林出版社,2011年1月。
[29]《发展在中国的理论和实践》(主编),上海人民出版社,2014年8月。

---

① "著作目录"中所列担任主编的著作,本人均参与写作;未参与写作的均未列入其中。

后 记

2018年,上海社会科学院将迎来建院60周年华诞。在王战院长和于信汇书记的直接推动下,在王玉梅副书记和谢京辉副院长的鼎力支持下,自2014年起,院科研处、老干部办公室联合启动了"老专家口述采访"项目,历史所一批中青年科研骨干参与其中。2016年,决定在此基础上推出首批老专家口述史单本,《夏禹龙先生口述历史》即为其中之一。

我与夏禹龙院长初次相识,是在2005年。当时,我参加了院邓小平理论研究中心前往贵州的社会考察活动。夏院长时年77岁,是一行中最年长者,他精神矍铄,头脑清晰,时而妙语连珠,令人印象深刻。

2014年,我曾对夏院长做过4次访谈,后整理出一份约7 000字的文字稿,交给当时科研处的邵建处长。2015年,黄仁伟副院长指示要将夏院长的口述采访增扩至单行本。2016年初,我开始承担《夏禹龙先生口述历史》的访谈、整理工作,领命后随即联系夏院长,他欣然同意,于是不久后即开始访谈。

夏院长时已88岁高龄,虽身体仍属康健,但毕竟不像以前看到他时那般神采奕奕。他以极大的毅力投入口述工作,从设计目录提纲,到每次一个多小时的口述,再到亲身查找资料,最后数度增删、修改整理文字稿……其间,他曾因肠疾三度入院,但出院后却在短时间内坚持完成了文字稿三稿的修订,令人钦佩。作为一个历史学工作者,我能体会到:正是强烈的历史感和使命感,赋予了一个耄耋老人如此之大的力量。

  对于作为前辈的夏院长,我原来的了解其实很有限。然而在口述访谈的过程中,我却越来越体会到与他在思想上的共鸣,越来越感到他的人生、治学经历对我的启迪作用。《夏禹龙先生口述历史》已超越了一部历史文献的价值。正如上海社会科学院党委书记于信汇在2017年3月祝贺夏禹龙90寿辰时所指出的那样:夏老的人生经历、学术道路都与历史社会的变迁息息相关,他时刻不忘将目光投向这个时代最需要他的地方,如同一支熊熊燃烧的火炬,始终迸发着光和热,将火花传递出去,点亮更多的思想火炬,照亮前路。尽管时移世异,不同时代的观念与潮流已经大不相同,然而那种追求真理的赤子之心和不断开拓的创新精神,始终在夏老身上散发出耀眼的光芒。

  衷心祝愿夏院长健康长寿!

葛　涛

2017年5月

图书在版编目(CIP)数据

思想之自由乃我毕生不渝之追求——夏禹龙先生口述历史/葛涛编著.
—上海：复旦大学出版社,2017.8
(上海社会科学院院庆60周年口述系列丛书)
ISBN 978-7-309-13004-1

Ⅰ.思… Ⅱ.葛… Ⅲ.夏禹龙-回忆录 Ⅳ.K825.1

中国版本图书馆CIP数据核字(2017)第128889号

思想之自由乃我毕生不渝之追求——夏禹龙先生口述历史
葛　涛　编著
责任编辑/梁　玲

复旦大学出版社有限公司出版发行
上海市国权路579号　邮编：200433
网址：fupnet@fudanpress.com　　http://www.fudanpress.com
门市零售：86-21-65642857　　团体订购：86-21-65118853
外埠邮购：86-21-65109143　　出版部电话：86-21-65642845
江苏凤凰数码印务有限公司

开本 787×1092　1/16　印张8.75　字数115千
2017年8月第1版第1次印刷

ISBN 978-7-309-13004-1/K・614
定价：39.00元

如有印装质量问题,请向复旦大学出版社有限公司出版部调换。
版权所有　侵权必究